财务分析和会计信息化探索

杨慧芳 王 颖 王晓青 ◎著

中国商务出版社
·北京·

图书在版编目（CIP）数据

财务分析和会计信息化探索 / 杨慧芳，王颖，王晓青著． －－ 北京：中国商务出版社，2023.5
ISBN 978-7-5103-4690-3

Ⅰ．①财… Ⅱ．①杨…②王…③王… Ⅲ．①会计分析②会计信息－财务管理系统 Ⅳ．①F231.2②F232

中国国家版本馆 CIP 数据核字(2023)第 079589 号

财务分析和会计信息化探索
CAIWU FENXI HE KUAIJI XINXIHUA TANSUO

杨慧芳　王颖　王晓青　著

出　　版：	中国商务出版社
地　　址：	北京市东城区安外东后巷28号　　邮　编：100710
责任部门：	外语事业部（010-64283818）
责任编辑：	李自满
直销客服：	010-64283818
总　发　行：	中国商务出版社发行部（010-64208388　64515150）
网购零售：	中国商务出版社淘宝店（010-64286917）
网　　址：	http://www.cctpress.com
网　　店：	https://shop595663922.taobao.com
邮　　箱：	347675974@qq.com
印　　刷：	北京四海锦诚印刷技术有限公司
开　　本：	787毫米×1092毫米　1/16
印　　张：	11.5　　　　　　　　　　　　　　字　数：237千字
版　　次：	2024年4月第1版　　　　　　　　印　次：2024年4月第1次印刷
书　　号：	ISBN 978-7-5103-4690-3
定　　价：	70.00元

凡所购本版图书如有印装质量问题，请与本社印制部联系（电话：010-64248236）

版权所有　盗版必究（盗版侵权举报可发邮件到本社邮箱：cctp@cctpress.com）

前言 Preface

　　财务分析既是一门科学，更是一门艺术。为了适应当今市场经济建设对企业财务会计信息管理控制的需要，从企业纷繁复杂、真伪难辨的财务数据中真实有效地揭示出企业的财务状况和经营成果，找出企业经营管理的问题所在，并据此提出改进方向。财务分析是企业了解自身财务状况、经营成果、现金流量情况的基本手段，是企业正确评估自己、认识竞争对手的必要方法，也是投资者合理评价投资对象、取得良好投资效果的法宝，是财务人员必须掌握的生存技能。财务分析是衔接会计与财务管理的桥梁，也是财务管理、会计专业的一门重要的专业核心课程。

　　信息全球化的浪潮冲击着传统社会生活的每一个角落，信息化已成为时代的主旋律。会计信息化是社会经济发展的产物，是会计未来的方向，也是会计发展的客观规律。会计信息化不仅将计算机、互联网、通信技术等先进的信息技术引入会计学习，与传统会计工作相融合，极大地改变了业务核算、财务处理等方面的工作，同时也代表了一种与现代化信息技术环境相适应的新的内容和理念。本书是财务方向的著作，主要研究财务分析和会计信息化，本书从财务分析概述入手，针对财务分析管理、财务综合分析进行了分析研究；另外，对会计信息化理论做了一定的介绍；还对面向企业应用的会计信息系统、会计信息系统的审计与内部控制、会计信息化后的管理以及会计信息化的发展做了阐述，旨在摸索出一条适合财务分析和会计信息化工作的科学道路，帮助其工作者在应用中少走弯路，运用科学方法，提高效率。

　　另外，作者在撰写本书时参考了国内外同行的许多著作和文献，在此一并向涉及的作者表示衷心的感谢。由于作者水平有限，书中难免存在不足之处，恳请读者批评指正。

目录 Contents

- 第一章 财务分析概述 ·· 1
  - 第一节 财务分析简述 ·· 1
  - 第二节 财务分析的程序与方法 ·· 10
- 第二章 财务分析管理 ··· 16
  - 第一节 财务报表分析 ··· 16
  - 第二节 企业偿债、营运与盈利能力分析 ·· 26
  - 第三节 企业财务状况分析 ··· 39
- 第三章 财务综合分析 ··· 45
  - 第一节 财务综合分析概述与杜邦财务分析体系 ··· 45
  - 第二节 沃尔评分法与财务分析报告撰写 ·· 50
  - 第三节 财务预警分析 ··· 55
- 第四章 会计信息化理论综述 ·· 63
  - 第一节 企业信息化与会计信息化 ··· 63
  - 第二节 会计信息系统与IT平台 ··· 68
- 第五章 面向企业应用的会计信息系统 ·· 80
  - 第一节 面向企业会计信息系统与业务系统 ··· 80
  - 第二节 面向企业会计信息系统的功能结构 ··· 94
  - 第三节 面向企业会计信息系统的应用软件 ··· 99

第六章 会计信息系统的审计与内部控制 ················ 101

第一节 会计信息系统审计的基本内容与基本方法 ············ 101
第二节 会计信息系统内部控制 ·························· 108

第七章 会计信息化后的管理 ·························· 122

第一节 会计信息化组织及岗位 ·························· 122
第二节 会计信息化后的内部控制 ························ 129
第三节 会计信息化后的使用管理 ························ 135
第四节 会计信息化后的维护管理 ························ 140
第五节 会计信息化档案管理 ···························· 146

第八章 会计信息化的发展 ···························· 151

第一节 大数据与云计算在会计信息化中的机遇和挑战 ········ 151
第二节 云计算环境下的中小企业会计信息化模式 ············ 156
第三节 物联网环境下的会计信息化建设 ·················· 169

参考文献 ·· 177

第一章　财务分析概述

第一节　财务分析简述

一、财务分析的概念、任务、作用与内容

(一) 财务分析的概念

财务分析是以会计核算、报告资料及其他相关资料为依据，采用科学的分析技术与方法，对企业等经济组织过去和现在的有关筹资活动、投资活动、经营活动的盈利能力、营运能力、偿债能力和发展能力状况等进行分析与评价，为企业的债权人、投资者、经营者、政府管理部门等利益相关者提供相关经济信息资料，以便全面、客观地评价企业的财务状况及其形成原因，并为财务控制和财务决策提供信息支持的活动。

(二) 财务分析的任务

1. 评价企业的经营业绩

企业用于管理决策的信息大部分来自财务会计信息，企业的财务报表则包括最集中、最全面、最信用的信息，它们是管理决策的主要信息来源。通过财务分析，企业可以及时考核财务指标的完成情况，对企业的财务状况和经营成果进行实事求是的评价，肯定成绩，提出问题，并将企业实际与以前各期指标、计划指标、同类企业指标进行比较，以辨明企业在报告期的管理水平与经营绩效，其分析结论强调客观公允性。

2. 分析企业业绩变动因素

企业报告期的经营绩效为财务报表使用者提供了衡量企业目前财务状况的基础。目前的财务状况既是过去经营绩效的延续，又是未来发展前景的基石。因此，衡量、判断目前的财务状况并分析说明其影响因素成了影响财务报表分析的重要任务。通过财务分析，对

分析指标的性质及其指标之间的相互关系进行研究，寻找影响财务能力变动的因素，并采用相应的方法计算各因素变动的影响程度，以便分清主次、区别利弊；通过分析诸因素变动对财务状况的影响，把挖掘出来的潜力当作提高工作效率和增强财务能力的机会。所谓潜力，是指增强效益的可能性。在分析时，应克服传统分析中为分析而分析的形式主义做法，变被动分析为主动分析，强调财务分析的能动性和效益性。所谓因素分析是通过一定的分析方法，研究各项财务能力指标之间及其影响因素之间的相互关系，并适时地调整它们的比例关系，使之协调配合、通力合作，以达到最佳状态。

3. 预测企业发展趋势

财务分析不仅要认真地评价过去与现在，而且要科学地规划未来，提出改进工作的合理化建议与发展方案，为企业经营管理提供决策依据。预测是决策的前提，预测分析的准确性直接决定着财务报表使用者的决策结果。它通过现代化经济预测技术所拥有的、以各种动态数列为依据的预测方法，计算包括在分析公式中的所有参数，并估算出使求得的公式因素的角度来研究财务活动及各种现象和过程。其根本出发点是继承性与发展性相结合，既承认财务目标从上期到本期，又从本期到下期都会发生变动的事实，强调过去和现在合作因素的辩证统一，目的是要从中找出未来能起决定作用的主要因素。

上述三项任务体现了财务分析必须注重事前、事中和事后分析相结合，这对整个财务分析过程都是适用的。

（三）财务分析的作用

作为一项运筹和谋划全面效益的管理活动，财务分析日益受到人们的重视。从财务分析主体看，它包括了投资者进行的财务分析、经营者进行的财务分析、债权人进行的财务分析、政府管理部门进行的财务分析以及其他利益相关者进行的财务分析；从财务分析服务对象看，它包括债权人、投资者、经营者、政府管理部门等利益相关者等。无论从其主体还是从其服务对象看，财务分析都有着广阔的发展前景，它将在经济建设中发挥越来越重要的作用。财务分析的作用越来越巨大，具体表现在以下方面：

其一，财务分析可为投资者进行投资决策提供科学依据。企业的投资者是企业风险的承担者，投资者尽管投资目的不同，投资方式各异，但都极为关心企业的盈利能力、营运能力、偿债能力和发展能力，而财务分析能为不同的投资者提供有关企业的财务状况和经营成果的分析资料信息，以及供投资决策时参考。

其二，财务分析可促进资本市场的健康发展。随着社会主义市场经济体制的建立与完善，我国资本市场机制也在发展中日益成熟与健全。上市公司通过财务分析定期公布有关企业的财务状况、经营成果、投资风险、盈利能力等一系列反映企业经营管理水平方面的分析指标，有助于有价证券买卖双方交流信息、调整心态、选择机会、正常交易，必然促进证券市场的良性运行和健康发展。

其三，财务分析有利于维护金融秩序。银行和其他金融机构作为主要信贷操作者，向企业提供信贷资金，即形成债权人与债务人的关系。信用操作者极为关心企业的财务状况。为确保债权稳定、不遭受损失，信用操作者通过分析财务资料对企业的信用程度，偿债能力和营利能力等做出了正确判断，以保证发放贷款等信贷资金的安全性，从而有利于加强金融监管、防止金融犯罪，有利于促使企业合理地进行负债经营，保证金融秩序的正常与稳定。

（四）财务分析的内容

在研究企业财务分析产生及发展，明确企业财务分析的作用的同时，也联系了财务分析的含义及财务分析的体系。

1. 财务分析概论

财务分析介绍了财务分析的基本理论与基本方法，包括财务分析理论、财务分析的信息基础、财务分析的程序与方法。

2. 财务会计信息质量分析

这里通过对筹资活动、投资活动、经营活动、分配活动的分析（或通过对资产负债表、利润表、现金流量表、所有者权益变动表四大报表的分析）来明确会计信息的质量与内涵，即从会计数据表面揭示其实际含义，不仅包括对各会计报表及相关会计科目内涵的分析，而且包括对会计估计与会计政策变更的分析、会计方法选择与变动的分析、会计质量与变动的分析等。

3. 财务能力分析

本书通过应用专门的分析技术与方法对财务能力进行分析，即偿债能力、营运能力、盈利能力、发展能力等进行分析与评价，判断企业的财务状况和经营成果。

4. 财务综合分析与评价

本书通过对企业具体情况及其综合能力进行了剖析，并通过介绍财务分析报告的撰写，完善了财务分析体系。

二、财务分析的信息基础与种类

(一) 财务分析体系构建的理论基础

1. 企业目标与财务目标

财务分析作为一门独立学科,必然涉及对财务分析目的、分析方法、分析内容的界定与安排问题。从不同角度出发,即可得出不同的财务分析体系。也就是说,一个科学体系与内容的建立,都不能离开其运用领域的目标或目的。财务分析作为对企业财务活动及其效率与结果的分析,其目标必然与企业的财务目标相一致。

研究企业财务目标,首先,应明确企业目标,因为企业财务目标是企业目标的基础,是紧紧围绕着企业目标而展开的。其次,企业的财务目标从根本上必然与企业的目标相一致,与企业资本所有者目标相一致。无论是股东权益最大化目标、企业价值最大化目标、利润最大化目标,还是经济效益最大化目标,都是如此。追求股东权益增加或股东价值增加是企业财务的根本目标,它与追求企业价值或其他利益方的利益并不矛盾。股东价值增加,从长远来看,必然使企业各利益方同时受益,不可能以损害其他利益方为基础。股东是公司中为增进自己权益而同时增进每一方权益的唯一利益方。同时,股东价值目标与利润目标、经济效益目标也不矛盾,利润是直接目标,经济效益是核心目标。

2. 财务目标与财务活动

企业追求财务目标的过程正是企业进行财务活动的过程。任何一个学科体系与内容的建立都不能离开其应用领域的目标或目的。财务分析作为对企业财务活动及其效率与结果的分析,其目标必然与企业的财务目标相一致。

企业筹资活动过程是资本的来源过程和资本取得的过程。资本包括自有资本和借入资本。企业在筹资活动中或在取得资本时,要考虑资本成本、筹资风险、筹资方式的选择、财务活动的过程支付能力、资本结构等因素。筹资活动的目的在于以较低的资本和较小的风险取得企业所需要的资本。

企业经营活动过程是资本的耗费过程和收回的过程。在此过程内会发生各种成本费用和取得各项收入。企业在经营活动中,要考虑社会的需求,生产要素和商品劳务的数量、结构、质量、消耗、价格等因素。经营活动的目的在于以较低的成本费用取得较多的收入,实现更多的利润。

企业分配活动过程是资本退出经营的过程或利润分配的过程。在此过程中,企业提取资本公积和盈余公积,向股东支付股利和留用利润。企业在分配过程中,要考虑资本需要量、股东的利益、国家政策、企业形象等因素。分配活动的目的在于兼顾各方面利益，使企业步入良性循环的轨道。

3. 财务活动与财务报表

企业的基本财务报表是由资产负债表、利润表、现金流量表、所有者权益变动表和报表附注组成。通常为"四表一注"。企业的各项财务活动都直接或间接地通过财务报表来体现。

资产负债表是反映企业在某一时点的财务状况的会计报表。它是企业筹资活动和投资活动的具体体现。

利润表是反映企业在一定会计期间内经营成果的会计报表。它是企业经营活动和资本活动的具体体现。

现金流量表是反映企业在一定会计期间内现金及现金等价物的流入、流出的会计报表。它以现金流量为基础，是企业财务活动总体状况的具体体现。

所有者权益变动表是反映企业在一定会计期间内所有者权益变动情况的会计报表。它是企业所有者权益筹资活动的具体体现。

可见，财务报表从静态到动态，从权责发生制到收付实现制，对企业财务活动中的筹资活动、投资活动、经营活动和分配活动进行了全面、系统、综合的反映。

4. 财务报表与财务效率

财务报表包括静态报表和动态报表，它不仅能直接反映筹资活动、投资活动、经营活动和分配活动的状态和状况，而且可间接揭示或通过财务分析揭示财务活动的效率或能力。财务效率指企业财务资源投入与产出的比率关系以及由此派生出的其他比率关系。它通常可以从盈利能力、营运能力、偿债能力和发展能力等方面来反映。

盈利能力是指企业投入资源所取得利润的能力。它可分为资本经营盈利能力（即利润与所有者权益之比）、资产经营盈利能力（即利润与总资产之比）和商品经营盈利能力（即利润与成本费用之比）。

营运能力是指企业营运资产的效率。它可分为全部资产营运能力、流动资产营运能力和固定资产营运能力。

偿债能力是指企业偿还债务的能力。它可分为短期偿债能力与长期偿债能力。短期偿债能力表现为流动比率、速动比率和现金比率等。长期偿债能力表现为资产负债率和利息保障倍数等。

发展能力是指企业保持持续发展或增长的能力。它可分为销售增长能力、资产增长能力和资本增长能力。销售增长能力表现为销售增长率。资产增长能力表现为总资产增长率和流动资产增长率。资本增长能力表现为资本积累率和资本增长率。

上述各种能力是企业财务运行效率的体现，而财务效率的计算与分析离不开财务报表。

5. 财务效率与财务成果

财务效率与财务成果是辩证统一的关系。各项财务效率的高低，最终都将体现在企业的财务成果上，即体现在企业的价值上。有了好的财务效率才能形成最佳的财务成果，体现出企业的最佳价值。而好的企业财务成果正说明企业有好的财务效率。如一个企业财务能高效率地进行财务预算，有效地组织企业的经营活动，最大限度地管理和使用好企业的资产，在满足企业的正常生产需要的同时将暂时闲置的资金投放出去，必然会产生主营收入和投资收益，形成财务成果。

（二）财务分析的信息基础

财务分析信息是财务分析的基本和不可分割的组成部分，它对于保证财务分析工作的顺利进行，提高财务分析的质量与效果，都起着主导作用。

1. 财务分析的会计信息

财务分析的会计信息的依据主要来自财务报表。财务报表所提供的信息，不但是报表使用者进行决策的主要依据，而且是国家有关部门进行国民经济宏观管理的微观信息基础。企业除按照规定编报满足外部利益相关者的财务报告外，还需要编制满足内部管理控制需要的成本费用报表，提供成本分析所需的会计信息。

2. 审计信息

注册会计师审计报告是企业委托注册会计师根据独立审计原则的要求，对企业对外编报的财务报告的合法性、公允性和一贯性做出独立鉴证报告。它可以增强财务报告的可信性，是财务分析人员判断企业会计信息真实程度的独立性、权威性的主要信息。其形式主要包括：不附条件的审计报告、附条件的审计报告、否定意见的审计报告、无法发表意见的审计报告。

3. 政策信息

政策信息主要指国家的经济政策与法规信息。它与企业的经济活动密切相关，具体有：产业政策、价值政策、信贷政策、分配政策、税收政策、会计政策、金融政策等。它从企业的行业性质、组织形式等角度分析企业财务对政策法规的敏感程度，全面揭示经济政策变化及法律制度的调整对企业财务状况、经营成果和现金流量的影响。

（三）财务分析信息的种类

进行财务分析的信息是多种多样的，不同的分析目的、分析内容，所使用的财务信息可能是不同的。因此，从不同角度看，财务分析信息的种类是不同的。

1. 内部信息与外部信息

内部信息是指从企业内部可取得的财务信息。外部信息是指从企业外部可取得的财务信息。

2. 定期信息与不定期信息

定期信息是指企业经常需要、可定期取得的信息。不定期信息是指根据临时需要收集的信息。

3. 实际信息与标准信息

实际信息是指反映各项经济指标实际完成情况的信息。标准信息是指用于作为评价标准而收集与整理的信息，如预算信息、行业信息等。

三、财务分析的原则与要求

（一）财务分析的基本原则

进行财务分析，坚持必要的财务分析基本原则，是财务分析信息真实、可靠的有效保证。也是财务工作内在要求的集中反映。财务分析的基本原则来源于财务分析工作实践经验的提炼与概括，它是财务分析工作的指导性的规范。财务分析必须坚持以下3个基本原则。

1. 实事求是原则

实事求是就是要从企业实际财务情况出发，展开财务工作。由于企业在会计计量、会计处理方法选择等方面的不一致，加之主观因素的干扰，财务分析所提供的信息有时并不能真实地反映企业财务状况和经营成果。因此，在进行企业财务分析之前，应采用一定的方法对有关数据资料进行核查、修改与调整。财务分析工作者还应深入实际，掌握第一手资料，尽可能使分析结论符合企业的实际情况。因此，实事求是原则要求财务分析工作人员应具备客观、公正的优秀品质，要敢于面对现实，充分揭露问题，注重让事实说话。

2. 成本效益原则

任何一项简单或复杂的财务分析工作，必然要花费一定的人力、物力和财力，因此就要贯彻成本效益原则。成本效益原则要求在开展财务分析时，要讲究成本最低、效果最佳的结果。分析工作人员应十分重视每一份分析工作所费成本与其可能取得的效果之间的对比关系，为此应注意：第一，当某一具体分析对象在整个分析指标体系中无足轻重，而分析工作量又过大时，可予以舍弃；第二，当有些资料难以收集或某个数据难以认定时，可视情况从简处理；第三，由于事物的普遍联系性，某一财务指标的变动可能受若干因素的影响，在分析时，应对主要因素进行分析与评价。

3. 可理解性原则

财务分析是财务信息深度加工与转换的过程，其目的是为企业管理者和外部利害关系者提供更具有使用价值的信息。因此，这些信息应该是容易被理解的。如果分析指标繁杂，或似是而非，或高深莫测，就不易被信息使用者所接受，从而也就失去了财务分析应有的功能。可理解性原则要求分析结论简明扼要、通俗易懂，不仅专业人员可以理解，也尽量能为广大非专业人员所接受。

（二）财务分析的基本要求

在明确财务分析原则的基础上，为搞好财务分析，必须注意如下几点要求：

1. 创造与完善财务分析条件

目前，我国有了统一的会计准则和会计制度，但无论是会计准则，还是会计制度，都需要进一步地完善。一些会计资料还不能满足不同分析主体的需求，因此建立现代企业制度已成为我国目前企业制度改革的重点和方向。

2. 学习与掌握财务分析方法

搞好财务分析，除了必要的外部条件或信息资料外，关键还在于分析者的理论与实践水平。一个没有熟练掌握财务分析理论和方法的分析者，即使拥有再好的分析资料或信息，也可能得出错误的分析结论。

3. 建立并健全财务分析组织

随着现代企业制度的建立，企业的财务分析工作将逐步走上制度化、规范化的道路。这就要求企业必须建立健全完善的财务分析组织体系，及时、系统、全面地分析企业的财务状况和经营成果。

（三）财务分析的具体要求

不同的信息需要者对财务分析的目的、要求也不尽相同。

1. 国家政府部门的要求

国家政府部门包括企业主管部门、财政部门和税务征收部门等。它们进行财务分析的目的是了解企业遵纪守法、合理纳税的情况，全面地掌握财务分析的各种信息，将其作为企业的指导依据，同时监督企业贯彻各项政策方针，及时掌握经济动态和合理调整行业结构。财政部门和税务征收部门更偏重于了解企业盈利能力和现金流量指标的实现情况，以便督促企业上缴利税，保证国家财政收入。

2. 债权人的要求

所谓债权人，是指提供贷款的机构或个人。按借贷的期限，借款可分为短期借款和长期借款，以1年为划分长、短期借款的界限。短期借款主要是指银行和其他金融机构给予的短期融资，企业按规定日期归还借款并付给借款利息。其他短期借款则是被借款者提供商品和劳务而形成企业的应付账款。长期借款主要是指银行和其他金融机构给予企业的长期借款、企业对外发行债券、企业向租赁公司申请租赁等。不论长、短期借款，其共同点在于债权人与企业已形成债权人与债务人关系。

3. 投资者的要求

投资者分析财务报表主要是为了了解企业的盈利能力。盈利越大，投资者分得的股利越多；盈利越少，投资者分得的股利越少；没有盈利，不得分配。企业亏损，投资者要按投资比例承担损失。股东既是资金供给者，也是企业风险的承担者。因为在正常经营过程中，企业必须在先支付债权人的利息、再分配优先股的股利后，才能分配普通股的股利。一旦企业发生亏损，其资产必须在清偿负债及优先股股东权益后有剩余时，才能分配给普通股股东。所以普通股股东权益要承担一切可能发生的风险，本质上具有残余权益的性质。

4. 企业管理者的要求

财务管理是企业管理的主要组成部分，企业管理者不但要对个人负责，更重要的是对企业及国家负责。企业管理者应包括企业领导、财会人员和其他职能部门管理人员。企业管理者只有深入了解企业财务状况、经营成果和各种财务经济信息，才能应付不断变化的客观情况，而财务分析能力为此做出最大的贡献。财会人员应及时向企业各级管理部门提供财务报表及其分析资料，以便于管理者随时掌握企业动态，借以做出合理决策。企业管理者对财务分析的要求如下：其一，财务报表是对企业日常核算的总结，财务分析应对企业会计核算和财务管理各环节的工作状况做出正确的评价；其二，财务分析是对企业经营状况情况的集中反映，企业管理者应在总结分析中发现各职能部门工作是否协调配合，以发现薄弱环节，落实管理责任；其三，企业管理者在对各项主要财务指标变动情况进行分析时，将对外报表分析与内部报表分析结合起来，以便确定影响财务指标变动的原因，肯定成绩，发现问题，并寻求解决问题的措施。

5. 注册会计师的要求

注册会计师分析财务的目的是企业财务活动的合法性和效益性。注册会计师站在中间立场，公正、严格地检查报告并提出查账报告书，明确提出被查核企业的会计处理是否符合《企业会计准则》，注册会计师一般运用审阅、核对、对比等方法进行分析，他们主要的任务是：审阅报表编制是否符合制度规定；核对报表与账簿，报表与报表之间数字是否相符；对比分析报表中主要项目的本期与前期、实际与计划数字有无不正常的增减变化。

第二节 财务分析的程序与方法

一、财务分析的基本程序与步骤

财务分析的基本程序亦称财务分析的一般方法，是指进行财务分析所应遵循的一般规程。研究财务分析程序是进行财务分析的基础与关键，它为开展财务分析工作、掌握财务分析技术指明了方向。

现有的多种财务分析程序在收集财务分析信息、分析财务信息、得出财务分析结论等步骤上是基本一致的，其区别主要体现在具体分析环节或细节上。本节根据其基本程序将财务分析分为以下 4 个步骤。

（一）明确分析目标，制订分析计划

进行财务分析，必须先要明确为什么进行财务分析，是要评价企业经营业绩，进行投资决策，还是要制定未来经营策略？只有明确了财务分析的目的，才能有效地收集整理信息，选择正确的分析方法，得出正确的分析结论。

财务分析目标从财务分析信息的需要者角度来说，可分为信用分析、经营决策分析、投资分析和税务分析等的目标。信用分析的目标在于分析企业的偿债能力和支付能力；经营决策分析的目标是为企业产品、生产结构和发展战略方面的重大调整服务；投资分析的目标在于分析投资资金的安全性和获利性；税务分析的目标主要在于分析企业的收入与支出状况。企业应根据分析期间的分析目标，确定进行财务分析的范围和问题，制订财务分析计划，规定分析的目的要求、分析工作的组织分工，确定采取的分析形式与分析程序，

安排分析工作的进度和确定分析资料的种类和来源等。财务分析工作应按计划进行，但在实际分析过程中可以根据具体情况进行修改、补充。

（二）收集数据资料，确定分析对象

财务分析信息是财务分析的基础，信息收集整理的及时性、完整性、准确性，对财务分析的正确性有着直接的影响。财务分析的信息收集整理应根据分析的目的和计划进行，为了全面分析企业财务活动、正确评价企业的经营绩效，分析者应完整地收集、整理分析资料。财务分析的一般数据资料包括宏观经济形势信息、行业情况信息、企业内部数据等。信息的收集可通过查找资料、专题调研、座谈会或有关会议等多种渠道来完成。收集、整理分析资料后，分析者还必须认真检查、核实分析资料，只有具备真实可靠的分析资料才能保证分析工作的质量。分析者检查核算资料应根据资料的来源和类别，采取适当的方法进行，重点在于检查、分析资料的真实性和合法性。在此基础上，分析者通过对资料数据的研究和比较，形成分析目标，确定分析对象。

（三）选定分析方法，测算因素影响

根据分析指标的性质及其指标之间的相互联系，财务分析的方法可分为比较分析法、比率分析法、因素分析法、现金流量分析法、图解分析法等。分析者选定合适的分析方法后，应寻找指标变动的因素，并测算各因素变动对财务指标变动的影响，以便根据计算结果分清主次，区别利弊，这是财务分析工作的中心环节。

（四）评价分析结果，提出管理建议

财务分析综合评价是财务分析实施的继续。它具体又可分解为4个步骤：①根据财务分析目标和内容，评价收集的资料，寻找数据间的因果关系；②结合本企业的特点和历年状况解释形成现状的原因，揭示经营成绩和失误，暴露存在的问题；③实事求是地评价过去，科学地预测未来，提出合理化建议；④形成财务分析报告，供财务分析信息需要者决策时参考，保证财务分析的连续性。

二、财务分析的基本方法

财务分析的基本方法是实现财务报告分析的一种手段。它是指在发挥财务分析的评价、预测、发展和协调功能时经常使用的具有普遍适用性的方法，由于分析的目的不同，企业在实际进行财务分析时必然要适应不同目标的要求，最常用的基本方法有比较分析法、比率分析法、因素分析法和图解分析法等，下面分别予以介绍。

（一）比较分析法

比较分析法是财务分析中最常用的一种基本分析方法。它是指将彼此联系的指标进行对照，从数量上确定它们之间的差异，并进行差异分析，并用来评价财务活动好坏的方法。

1. 按比较对象分类

①与本企业历史比

即同一企业不同时期指标相比。历史水平可以选择上年同期水平、历史最高水平、若干期的历史平均水平等。这种比较，一方面，可以揭示差异，进行差异分析，查明产生差异的原因，为改进企业经营管理提供依据；另一方面，可以通过本期实际与若干期的历史资料比较，进行趋势分析，了解和掌握经营活动的表现趋势及其规律，为预测提供依据。

②与同类企业比

即与行业平均数或竞争对手比较。同行业可以选择国内外先进水平、竞争对手等，这种比较有利于找出本企业与同行业水平的差距，明确今后的努力方向。

③与本企业预算比

即将实际执行结果与计划指标比较。这种比较可以揭示问题的原因，检测出是目标、计划或定额本身缺乏科学性，还是实际执行中存在问题。如果是前者，有助于今后提供目标、计划或定额的预测工作；如果是后者，有助于改进企业的经营管理工作。

④与评价标准值比较

评价标准是企业所在行业的标准值，它是权威机构（如国家统计局、证券交易所等）根据大量数据资料进行测算而得出的，具有客观、公正、科学的价值，是一个较为理想的评价标尺，如我国财政部评价年均不同企业的主要财务比率的评价标准值。

2. 按比较内容分类

（1）比较会计要素的总量

总量是指财务报表项目的总金额，如资产总额、净利润等总量比较主要用于趋势分析，以分析发展趋势，有时也用于横向比较，分析企业的相对规模和竞争地位。

（2）比较结构百分比

把资产负债表、利润表、现金流量表转换成百分比报表。例如，以收入为100%，看利润表各项目的比重。信息需求者通过分析结构百分比，有助于发现有显著问题的项目。

（3）比较财务比率

财务比率表现为相对数，排除了规模的影响，使不同对象间的比较变得可行。

3. 按比较方法分类

（1）水平分析法

水平分析法又称水平分析或横向比较法，是指企业实际达到的结果同某一标准进行比较（包括某一期或数期财务报表中的相同项目），观察这些项目的变化情况，用来揭示这些项目增减变化的原因与趋势的分析方法。水平分析法可以用绝对数做比较，也可以用相对数做比较。

如果能对数期报表的相同项目做比较，则可以观察到相同项目带有规律的发展趋势，有助于评价和预测。水平分析法的表现形式有两种：其一是定比，定比是以某一时期数额为基数，其他各期数额均为与该期的基数进行比较；其二是环比，环比是分别以上一时期数额为基数，然后将下一期数额与上一期数额进行比较。

（2）垂直分析法

垂直分析法又称结构分析法、纵向比较分析法，它用来计算财务报表中的各项目占总体的比重，它反映财务报表中每一项目与其相关总量之间的百分比及其变动情况，准确分析企业财务活动的发展趋势的分析方法。在这一方法下，每项数据都有一个相关的总量对应，并被表示为占这一总量的百分比形式。

比较分析法无论采用哪种比较形式，都要注意对比指标的可比性。同类企业之间进行财务指标的对比，必须是相对比的企业在产品种类、生产技术、生产规模和经营特点等方面大致相同。

（二）比率分析法

比率分析法是财务分析的最基本、最重要的方法。有时人们会将财务分析与比率分析等同，认为财务分析就是比率分析。比率分析法实质上是将影响财务状况的 2 个相关因素联系起来，通过计算比率，反映它们之间的联系，以此来揭示企业财务状况的分析方法。

比率分析法的运用有两种情况：一种是通过计算 2 个相关指标的比值，即求出比率为分析结果；另一种是继续将不同时空条件下计算出来的同一种比率进行比较，即求出比率之间的差异作为分析结果。实际上，比率分析法在很大程度上都是与比较分析法结合进行。比率分析与比较分析的共性在于，都是采用将两数进行对比的方式来揭示指标之间的差异程度。两者的区别在于：其一，比较分析法强调对比指标之间的可比性，即只有同质的指标才能进行比较，而比率分析法中大部分比率是在不同质但相关的指标之间计算比值，因此，比率分析法运用的范围较之比较分析法更为广泛；其二，比较分析法的分析结果主要强调绝对差异的大小（即差异数），以表示同质指标变动的规律，而比率分析法的分析结果是以相对数表示，以说明两者的相互关系。

由于财务分析的目的与分析的角度不同等，比率分析法的形式也不同。从分析目的来看，财务比率可分为趋势比率、构成比率和相关比率。因而比率分析法具体形式有趋势比率分析法、构成比率分析法和相关比率分析法。

1. 趋势比率分析法

趋势比率分析法是通过对财务报表中各类相关数字资料，将两期或多期连续的相同指标或比率进行定基分析对比和环比分析对比，得出它们的增减变动方向、数额和幅度，以揭示企业财务状况、经营情况和现金流量变化趋势的一种分析方法。从一定意义上讲，它是将比较分析法和比率分析法结合起来运用的一种方法。定比分析是以某一时期为基数，其他各期均与该期的基数进行比较的方法；环比分析是分别以上一时期为基数，下一时期与上时期的基数进行比较的方法。趋势比率分析法的计算指标包括差异数、差异率和趋势比率。差异数是将不同的计算指标直接相乘后的差数，它可以使人们获得明确的增减概念，由此直观地判断财务指标的规律。趋势比率是将不同时期的财务信息换算为同一基期的百分比，提供一项简明的趋势概念，它不但能单独地表明该项财务指标的变动情况，而且能在一系列比率的横向联系中显示出未来的发展趋势。

在进行趋势分析时，确定好基期是至关重要的。在实务上一般有两种选择：一种是以某选定时期为基础，即固定基期，以后各期数均以该期数作为共同基期数，计算出趋势比例叫定期发展速度，也称定比；另一种是以上期为基数，即移动基数，各期数分别以前一期数作为基期数，基期不固定，且顺次移动，计算出趋势比率叫环比发展速度，亦称环比。

第一，定基动态比率：是用某一时期的数值作为固定的基期指标数值，将其他各期数值与其对比来分析。

第二，环比动态比率：是以每一分析期的前期数值为基期数值而计算出来的动态比率。

由固定基期趋势分析来看，该企业年内各类产品销售收入指标从变动规模、增长幅度和发展趋势来看都是不断上升的。但移动基期趋势分析表明，从逐季对比来看，上述各项指标均为下降势头，说明该企业应采取促销措施，以保持产品销售收入指标能持续增长。值得指出的是，计算趋势比率应认真、谨慎地选择好基期，使之符合代表性或正常性条件。在通常情况下，选择第一期为固定基期计算时比较方便，观察时比较符合习惯，分析时也顺乎逻辑。当第一期不具备基期条件时，则应根据实际情况选择其他适合时期作为基期。此外，当选择的基期数为零或基期数与报告期数符号相反时，均不应计算趋势比率。

2. 构成比率分析法

构成比率分析法又称比重分析法或结构对比分析法。所谓构成比率，是计算某项财务指标各构成项目占总体指标的百分比，反映部分与总体的关系。构成比率分法是通过分析指标结构来反映该项指标的特征和变化规律的一种分析方法。

利用构成比率，可以考察总体中某个部分的形成和安排是否合理，以便协调各项财务活动。

3. 相关比率分析法

从一定意义来说，趋势比率分析法是不同时空条件下的同一指标相比，构成比率分析法是各组成项目与同一总体指标相比，两种分析法均局限于对同一财务指标进行横向分析或纵向分析，如流动比率。而相关比率分析法中的比率主要是2个不同质指标相比，扩大了分析范围。可见，相关比率分析法是将2个相互联系的指标，以其中某项指标为基数，求得两者数值的比率，用来反映一定财务关系的分析方法。

由于各种经营、财务指标分别反映不同的经济内容，它们又是在同一财务活动进行过程中互为条件、彼此影响，因此将它们联系起来进行研究是十分必要的。相关比率分析法对指标的变动分析不是直接比较，而是通过将某一相关指标做基数求得比值进行间接比较。例如，对企业的利润指标进行分析，除了可以用绝对额直接对比以外，还可以通过对形成利润有关的指标计算比率进行分析研究。

综上所述，比率分析法的优点是计算简便，计算结果容易判断，而且可以使某些指标在不同规模的企业之间进行比较，甚至也能在一定程度上超越行业间的差别进行比较。但采用这一方法时对比率指标的使用该注意以下几点：

（1）对比项目的相关性

计算比率的子项和母项必须具有相关性，把不相关的项目进行对比是没有意义的。

（2）对比口径的一致性

计算比率的子项和母项必须在计算时间、范围等方面保持口径一致。

（3）衡量标准的科学性

运用比率分析，需要选用一定的标准与之对比，以便对企业的财务状况做出评价。通常而言，科学合理的对比标准有预定目标、历史标准、行业标准和公认标准。

第二章 财务分析管理

第一节 财务报表分析

一、财务报表分析的适应性与局限性

企业财务报表分析，是指分析主体根据企业定期编制的财务报表等资料，应用专门的分析方法对企业的财务状况、经营成果和现金流量情况进行剖析。其目的在于确定并提供会计报表数字中包含的各种趋势和关系，为各有关方面特别是投资者和债权人提供企业偿债能力、获利能力、营运能力和发展能力等财务信息，为报表使用者进行财务决策、财务计划和财务控制提供依据。

（一）企业财务报表分析的内涵和目的

企业的财务报表分析是在企业财务管理过程中，将企业财务会计报告中的有关数据进行收集和整理，同时在结合企业其他相关信息的基础上，对企业的财务状况、经营成果和现金流量状况进行综合的比较和评价，从而给企业的相关财务报告使用者提供管理决策和控制依据。在高速发展的市场经济环境下，企业的内部和外部都存在着许多与企业有直接利益关系的组织和个人，他们对于企业的经营成果和财务状况有着不同程度的关心，要求通过财务报表所展示的各项内容来反映企业的经营状况和未来发展趋势。

（二）财务报表分析在企业的重要性

财务报表是企业信息披露的核心，也是分析企业基本面的最重要资料，它对所有投资者都是公开的。财务报表能够全面反映企业的财务状况、经营成果和现金流量情况，但是，单纯从财务报表上的数据还不能直接或全面说明企业的财务状况，特别是不能说明企业经营状况的好坏和经营成果的大小，只有将企业的财务指标与有关的数据进行比较，才能说明企业财务状况所处的地位，因此，要进行财务报表分析。做好财务报表分析工作，

可以正确评价企业的财务状况、经营成果和现金流量情况，揭示企业未来的报酬和风险；可以检查企业预算完成情况，考核经营管理人员的业绩，为建立健全合理的激励机制提供帮助。

（三）财务报表分析的内容及其方法的适用性

财务报表分析是由不同的使用者进行的，他们各自有不同的分析重点，也有共同的要求。从企业总体来看，财务报表分析的基本内容包括分析企业的偿债能力、分析企业权益的结构、评价企业资产的营运能力、分析企业资产的分布情况和周转使用情况、评价企业的盈利能力、分析企业利润目标的完成情况等。这几个方面的分析内容互相联系、互相补充，可以综合地描述出企业生产经营的财务状况、经营成果和现金流量情况，以满足不同使用者对会计信息的基本需要。其中偿债能力是企业财务目标实现的稳健保证，而营运能力是企业财务目标实现的物质基础，盈利能力则是前两者共同作用的结果，同时也对前两者的增强起推动作用。

企业财务报表分析，主要侧重在以下几个方面：

1. 偿债能力分析

通过财务报表反映的资产、负债、盈利和现金等指标来分析企业的短期偿债能力和长期偿债能力。企业的偿债能力反映了企业经营风险性，同时也体现了企业是否善于利用负债为企业获取更大的收益。包括现金比率、资产负债率、负债权益比率、现金流量负债比率等。

2. 盈利能力分析

通过报表反映的企业利润构成情况并分析企业盈利能力的大小。通过盈利能力分析，可以发现各项业务对企业利润或企业价值的贡献大小，便于管理者采取措施改进业务结构或业务模式。包括销售毛利率、销售净利率、总资产报酬率、盈利现金比率等。

3. 资产营运能力分析

通过分析企业各项资产的周转情况、规模变化、结构变化来分析企业资产的营运能力，通过资产营运能力分析，发现并改进企业经营过程中对各项资产的利用状况，从而为提高企业盈利能力和核心竞争力打下良好基础。主要包括资金周转率、现金周转率、应收账款周转率、流动资金周转率等。

4. 现金能力分析

现金流量表信息在反映企业偿债能力、支付能力、财务灵活性、持续经营能力等方面有着修正作用。因此，从现金流量着手来分析企业的现金能力是至关重要的。

(1) 现金流量指标的比率分析

通过现金流量指标的比率分析可以判断企业的偿债能力、盈利质量和营运效率。具体指标有经营现金流量净额与净利润比率、现金流量偏离标准比率、经营现金流量净额与营业利润比率、经营现金流量与主营业务收入比率等。

(2) 现金流量结构分析

现金流量分为经营活动现金流量、投资活动现金流量和筹资活动现金流量，通过分析构成现金流量的这3个项目的方向，可以分析诊断企业的财务状况。

(3) 现金流量纵横比较分析

将本期现金流量与以前年度的现金流量进行比较分析，分析现金流量的趋势，从中找到企业生产经营发展所处的阶段，预测企业未来的经济前景，揭示企业资金的使用方向及其主要来源渠道。此外，将企业现金流量构成及现金流量各项指标与同类型企业进行比较，可以分析企业在同类型企业中所处的水平，从而找出差距，进一步提高企业经营管理水平和现金流量管理水平。

(四) 企业财务报表分析中存在的局限性

企业财务报表分析对于企业自身管理和未来发展有着非常重要的意义，但由于社会经济的发展，各企业也逐步拓展新领域，向经济多样化方向发展。传统的企业财务报表已不能满足企业新型运营管理模式的要求，企业财务报表分析显现出了诸多的局限性。企业财务报表自身的局限性受财务报表本身特点的影响，在企业财务报表分析中所展现出来的不足，是企业财务报表分析最本质的局限性。

1. 企业财务报表所展示的信息只限于单个企业

企业财务报表是企业借以观察自身财务状况和经营成果的工具，只能收集单个企业的财务数据信息，却不能了解反映出同行业中其他企业的财务状况。企业的评价是具有相对性的，只有将企业放在整个行业中进行评估、比较才能对企业做出合理的评价分析，给企业的经营管理提供科学的依据。然而由于企业财务报表都具有保密性，不能对外部毫无利益关系的集团或个人进行公开，因此，财务报表所提供的数据信息并不能反映企业在同行业中的地位和发展水平，具有很大的局限性。

2. 企业财务报表所展示的信息只限于财务性

企业财务报表是对企业财务信息的收集和整理，其所能提供的信息也仅限于一个企业的财务信息，只能以定量的货币计算和货币信息来反映企业财务方面的状况。由于企业经营管理所涉及的因素众多，而企业财务报表的信息并不涉及产品竞争力、人力资源质量、员工素质和心理状态以及企业管理者的能力和关注度等方面的内容，很难全面地反映出企业的全部状况。只限于财务报表分析的局限并不能代表企业全面的经营状况。

3. 企业财务报表所展示的信息存在滞后性

就我国企业的现状而言，除少部分的上市公司外，对于大多数企业在年报中是否揭示未来发展情况预测性信息未做出明确要求。因此，企业财务报表所提供的信息主要针对企业以往的财务数据信息，具有严重的滞后性。然而，前瞻性的财务预算信息对于企业的投资、信贷和经营决策都有着非常重要的作用，直接反映着企业的发展前景。

（五）企业财务报表分析局限性的解决对策

企业财务报表分析的局限性制约着企业财务管理的顺利进行，对于企业的经营管理发展有着严重的阻碍。只有对企业财务报表分析实施改进、完善报表分析的效用，才能使企业财务报表在企业管理中发挥投资决策、经营管理和对社会资源合理有效的配置作用。这里针对企业财务报表分析中存在的局限性提出了相应的解决对策。

1. 克服企业财务报表自身的局限性

企业财务报表自身的局限性是解决财务报表分析局限性问题的重要内容，在不断克服疏忽性失误的基础上，要不断结合现实状况，与时俱进，解决财务报表分析中的具体问题。

2. 构建科学的企业财务报表分析方法体系

科学的企业财务报表分析方法是企业财务报表分析不断完善的前提。在财务报表分析过程中，必须建立一套完整的企业财务报表分析方法体系，在定性分析和定量分析相结合的基础之上，运用科学、有效的方法进行综合考虑，保证企业财务报表分析的有效性。

3. 完善对比率分析问题

各种比率的有机联系是进行企业财务报表全面分析的有效措施，在这种情况下，可以运用数理统计的方法进行分析，能够抓住重点，避免多重线性相关现象的出现。

二、财务报表分析方法与应用

财务报表是对企业财务状况、经营成果和现金流量的结构性表述。它是企业的管理者、投资者、债权人、政府及有关机构，以及其他相关人员，了解与掌握企业的生产经营情况和发展水平的主要信息来源。财务报表分析是指利用财务报表所提供的信息，采用专门分析方法，系统分析和评价企业的过去和现在的经营成果、财务状况及其变动，以了解过去、评价现在、预测未来，帮助利益关系者改善管理或者进行科学决策。

（一）常用的财务报表分析方法

1. 比率分析法

比率分析法是指利用会计报表中 2 个相关数值的比率来反映和揭示企业财务状况和经营成果的一种分析方法。比率分析法是报表分析中常用的一种分析方法，运用比率分析法可以分析评价企业偿债能力、盈利能力、营运能力等内容。根据分析目的和要求的不同，比率分析法有以下三种：①相关比率分析，是以同一时期某个项目和其他有关但又不同的项目加以对比所得到的比率，以更深入地认识某方面的经济活动情况，如将净利润同销售收入、资产和股东权益项目对比，求出销售净利率、资产净利率和股东权益报酬率，从而可以从不同的角度观察、比较企业利润水平的高低；②构成比率分析，是计算某项经济指标的各个组成部分与总体的比率，用以观察它的构成内容及其变化，以掌握该项经济活动的特点和变化趋势，如计算各成本项目在成本总额中所占的比重，并同有关的标准进行比较，可以了解成本构成的变化，明确进一步降低成本的重点；③效率比率分析，是指某项经济活动中费用与收入的比率，反映投入与产出的关系，如将利润项目与各项成本费用的对比，可以得出成本利润率、费用利润率等。利用比率分析法计算简便、通俗易懂，而且对其结果也比较容易判断，可以在不同规模的企业之间进行比较。

2. 比较分析法

比较分析法就是将报表中的 2 个或几个有关的可比因素进行对比，揭示差异和矛盾的一种分析法。比较分析法是一种用得最多、最基本的方法，具体有以下三种：

（1）纵向比较分析法

就是对财务报表中各类相关的数字进行分析比较，尤其是就一个时期的报表同另一个或几个时期的比较，以判断企业的财务状况和经营成果的演变趋势。具体有：①多期比较分析法，将企业连续几期财务报表数据，同前期或历史水平比较，确定增减绝对值、增减变动率，来判断企业的发展趋势；②结构分析法，它是以报表中某个指标作为 100%，再计算出其各组成项目占该总体指标的百分比，从而比较各项目百分比的增减变动，以此来判断有关财务活动的变动趋势；③定基百分比分析法，是将某一时期某一指标的数值作为基数，以后各期数值分别与基数比较，进而求出各期对基数的百分比或增长率，从而观察财务报表项目在一定时期内的变动情况和变动趋势。

（2）横向比较分析法

是将本企业的财务状况与其他企业的财务状况进行比较，确定其存在的差异及程度，以此来揭示企业财务状况中存在问题的分析方法。在采用横向比较分析法时，经常与行业的平均水平等比较，通过这种比较分析，可以看出企业与先进的差距，更易发现企业的异常情况，便于揭示企业存在的问题。

（3）标准比较分析法

是将本企业实际的财务状况和财务成果，与本企业同期计划数、预算数、定额数，以及长远规划目标等标准对比，确定差异和原因，以分析企业计划、预算、定额的完成情况。

3. 因素分析法

因素分析法是确定影响因素，测量其影响程度，查明指标变动原因的一种分析方法。在分析产值、销售收入、材料消耗、生产成本等项目的变动原因时可用此方法，一般将实际与计划指标、上期数值比较，测试各因素影响变动的具体情况。因素替换法具体有连环替代法、差额计算法和百分比差额分析法，其中后两种方法是连环替代法在实践中的简化形式。连环替代法是确定影响因素，并按照一定的替代顺序逐个因素替代，计算出各个因素对综合性经济指标变动影响的一种计算方法。

4. 综合分析评价方法

所谓综合分析，就是将各项财务指标作为一个整体，系统、全面、综合地对企业财务状况和经营成果进行剖析和评价，说明企业整体财务状况和效益的好坏。实质是以上各种方法的综合运用，并考虑了部分非报表因素。一般采用的综合分析评价方法有：

第一，杜邦分析体系，该方法是根据主要比率间的内在联系，以投资人最为关心的所有者权益报酬率为起点，将其逐层分解为销售净利率、资金周转率和权益乘数3个比率，从而综合考察企业各方面的能力及其对所有者获利水平的影响。

第二，标准财务比率分析，就是将本企业各项实际财务比率与标准财务比率进行对比，找出差距。以标准财务比率作为评价企业财务比率的参照物，便于揭示企业存在的问题。

（二）财务报表分析方法应用须注意的问题

第一，财务报表作为财务分析的主要资料来源，其自身存在的局限是制约财务报表分析质量的一个重要原因。信息披露不完整，不能用货币计量的内容无法提供；以历史成本为基础编制的，数据信息本身有明显的滞后性；财务报表编制所依据的会计原则、会计假设，以及会计政策与会计估计的可选择性，可能会造成报表信息的被粉饰、混淆等等，都可能误导报表分析者。报表分析时要注意财务报表的局限性，以及前述分析方法的局限性，分析时可适当结合一些必要的非报表信息。

第二，避免分析的孤立性，不能脱离企业经营管理各方面情况，还要结合行业情况和宏观经济环境来进行，如法律环境、经济环境、通货膨胀率和所在行业种类等，当情况变化时要正确地估计对会计信息可能产生的影响。特别是应用比率分析法时如果将各种比率孤立起来分析，财务报表分析就失去了其应有的意义。正确的做法应当是把各种比率有机地联系起来，并结合定性分析法，审慎地对企业的财务状况和经营成果的好坏，以及企业的发展趋势做出判断。

第三，在运用分析方法时要考虑指标内容、计价标准、时间长度和计算方法的可比性，在对不同企业水平比较时，还要考虑客观条件是否接近，技术上、经济上应具有可比性，即使在比较同一企业不同时期的财务报表时，对于差异的评价也应考虑其对比的基础。否则分析进行得再细致、指标计算得再精确，其结论也不会完全正确。

第四，在进行财务报表分析时，仅仅分析个别指标是不能说明问题的，只有将各种方法结合运用，并对指标进行综合分析，才能把握会计报表信息的实质。进行综合分析要做到：全面分析与重点分析相结合，对能反映企业基本情况的各项目进行分析，从而对企业有个全面的认识，再按照分析者的目的不同分别进行重点分析。定性分析与定量分析相结合，由于现代企业面临复杂多变的外部环境，而这些外部环境有时是很难定量反映的，因此在定量分析的同时，要做出定性的判断，或在定性判断的基础上，再进一步定量分析和判断。短期分析与长期分析相结合，企业处在激烈的市场竞争环境中，其经营过程经常会出现波动，某个报告期分析的结果可能会出现暂时的反常现象，如果将短期与长期分析结合起来，就会对企业的发展趋势有一个全面、正确的了解，从而避免判断决策失误。

三、财务报表分析在企业财务管理中的作用

随着我国市场经济的发展和金融危机的蔓延，我国企业之间的竞争加剧，利润率越来越低，如何在这种环境中生存，成为大家比较关心的问题。其中一个很好的方法就是加强企业管理，而企业财务管理是企业管理的核心部分。企业经营的好坏，在很大程度上取决于企业管理的好坏，而企业管理好坏的关键又在于财务管理。可见，财务管理的决策在企业管理中具有重要作用，企业应该提高财务管理的决策的科学性，决策科学与否很大程度取决于信息的质量。财务报表分析就是为企业财务管理决策提供信息依据的管理活动。所以，为了加强财务管理在企业中的作用，必须加强企业财务报表分析。

（一）财务报表分析的内容、方法、目的

1. 财务报表分析的内容

财务报表分析的内容主要分析资产负债表、利润表和现金流量表所反映的信息，它们

分别从不同的角度提供企业财务状况和经营成果。财务报表分析主要是通过各种分析方法从这三种报表中获得企业过去、现在、未来的信息，为企业决策提高依据。根据财务报表分析的不同目的，财务报表分析的内容主要包括财务状况分析、资产营运能力分析、偿债能力分析和盈利能力分析4个方面。第一，企业财务状况分析主要包括企业资产构成分析、权益构成分析、现金流量分析；第二，企业偿债能力是反映企业财务状况和经营能力的重要标志。偿债能力是企业偿还到期债务的承受能力或保证程度，企业偿债能力分析有2个方面：一方面，短期偿债能力分析，指为评价企业偿付短期债务的能力而分析资产的流动性，包括营运资金、流动比率等；另一方面，长期偿债能力是指企业偿付长期债务的能力，包括资产负债率、产权比率等。

2. 财务报表分析的方法

目前，常用的财务报表分析方法有比率分析法、比较分析法、趋势分析法、结构分析法、因素分析法、项目分析法、图表分析法7个类型。其中比较常用的是前五种方法。

3. 财务报表分析的目的

一般来说财务报表分析的目的主要是为信息使用人提供其需要的更为直观的信息，包括评价过去的经营业绩，衡量现在的财务状况，预测未来的发展趋势。财务报表分析的目的与使用报表的人的不同而不同。第一，对于投资人可以以分析企业的资产和盈利能力来决定是否投资；第二，对于债权人而言，从分析贷款的风险、报酬而决定是否向企业贷款，从分析资产流动状况和盈利能力，来了解其短期和长期偿债能力；第三，对于经营者而言，为改善财务决策、经营状况，提高经营业绩而进行财务分析；第四，对于企业主管部门，则要通过财务分析了解企业社会贡献指标，如纳税情况以及职工收入等情况。本节主要是从财务管理人员的角度分析财务报表的作用，财务管理人员是企业内部的经营者，其使用财务报表的主要目的是分析企业财务信息为改善企业财务决策、经营状况，提高经营业绩提高供科学的依据。

（二）财务管理与财务报表分析的区别和联系

1. 财务管理与财务报表分析的区别

财务管理主要是以提高经济效益和资产增值为中心的综合管理，其主要工作是控制资金运动和处理财务关系，具体内容包括筹资活动、投资活动、营运资金管理活动、分配活动和财务分析等。财务报表分析是以企业基本活动为对象、以财务报表为主要信息来源、采用分析与综合的方法，系统认识企业的财务状况、经营成果和现金流量的过程，其目的是了解企业过去的经营行为，评价现在的管理业绩和企业决策，预测企业未来的财务状况和经营成果，判断投资、筹资和经营活动的成效，以帮助报表使用人改善决策。从财务管理与财务报表分析的主要内容可以看出二者是有一定的区别的，财务管理是对整个企业的资金活动进行控制以提高企业经济效益和企业价值，而财务报表分析只是在为企业决策提供信息。

2. 财务管理与财务报表分析的联系

财务报表分析是以企业财务报告反映的财务指标为主要依据，对企业的财务状况和经营成果进行评价和剖析，以反映企业在运营过程中的利弊得失、财务状况及发展趋势，为改进企业财务管理工作和优化经济决策提供重要的财务信息。可见财务报表分析在分析财务管理工作中的内容，是财务管理的一部分。

（三）财务报表分析在企业财务管理中的作用

对于企业来说，通常由财会专业人士管理着公司的财务。随着我国社会主义市场经济体制的建立和完善，财务会计人员也越来越懂得通过财务报表分析获得高质量、高效的会计信息对于管理人员做出的决策正确与否具有重要的作用。根据当前和未来战略、环境以及其他因素及其趋势分析，评判衡量指标未来的发展和可能达到的水平或状态，分析说明影响衡量指标的约束条件及约束程度。

1. 资产负债表分析在企业财务管理中的作用

资产负债表是反映企业会计期末全部资产、负债和所有者权益情况的报表。通过反映企业在一定时点上的财务状况来揭示企业价值。企业资产负债表分析对于财务管理的投融资分析具有重要作用。因为我们可以通过分析资产负债表左边的资产了解企业的投资活动的结果，资产是有效投资的保障，是企业获取利润的关键。资产负债表右边的负债和所有者权益是融资活动的结果，是企业的融资方式，企业通过资金的融通才能满足投资所需要的资金，为实现其价值最大化奠定基础。企业投资分析包括企业内部使用资金的过程和对外投放资金的过程，企业必须保证投资的资金能够保证企业正常生产运营，不够就要进行外部融资。所以，资产负债表分析对于财务管理者了解某一时点上各类资产和负债的规模、结构及其数量对应关系，明确财务管理者受托责任及义务，做出基于优化结构、降低风险和提高运营效率的判断和决策。

2. 利润表分析在企业财务管理中的作用

利润表是反映企业在一定期间全部活动成果的报表，是2个资产负债表之间的财务业绩。它通过反映企业一定时期盈利状况来揭示企业价值。利润表反映企业经营业绩，通过利润表反映的收入、费用等情况，能够反映企业生产经营的收益和成本耗费情况，表明企业生产经营成果；同时，通过利润表提供的不同时期的比较数字，可以分析企业今后利润的发展趋势及获利能力。

3. 现金流量表分析在企业财务管理中的作用

现金流量表是以现金为基础编制的财务状况变动表。反映企业一定期间内现金流入和流出状况，表明企业获得现金和现金等价物的能力。从财务角度看，企业可视为一个现金流程，现金一方面不断流入企业，另一方面又不断流出企业，现金是企业的"血液"。现金流量状况直接反映着企业这一组织有机体的健康状况，是揭示企业价值的重要指标。理解现金流量表，有助于分析企业的内源融资能力和通过筹资活动获取现金的能力以及投资活动对企业现金流的影响。通过分析现金流量表，财务管理人员可以看到：企业内部现金流量的产生能力如何；企业能否以营业现金流偿付短期债务本息；企业投入资金是否符合企业的经营策略；企业投资后是否有盈余现金流量；企业的发展是靠外部融资还是内部融资，该融资方式是否适合企业的整体经营风险。

（四）企业财务管理中财务报表分析的应用

1. 制定完善的财务报表分析方法与体系

为进一步提高财务报表数据的可信度，首先，需要由注册会计师对财务报表进行审计，保证分析结果的可靠性；其次，在对财务报表进行分析的时候，如果单纯地依靠财务报表的数据并无法保证分析结果的准确性，还需要结合报表之外的数据与信息。

2. 实现财务分析过程的科学性与全面性

首先，需要选择一套切实有效的财务分析软件，保证与财务制度的要求相同，并且还要保证财务软件操作起来比较简单，只有如此，才能保证数据录入的准确性，更能防止他人肆意修改。其次，需要积极做好财务分析初始化工作。众所周知，只有真正做好财务分析初始化工作，才能真正提高会计电算化工作的质量，在选择方法与规划的时候需要以数据处理结果准确性与高效性为前提。最后，需要积极做好编码工作。

3. 加强对财务人员基本素质的培养

财务工作者需要对会计报表进行分析与了解，将财务报表之间的关系进行掌握。另外在对部分非货币因素加以分析的时候，财务工作人员需要结合内部报表与外部报表，将企业财务管理中所存在的问题加以分析与探究，并提出解决的方法。因此，要加强对财务人员基本素质的培养，提高财务人员对财务分析工作的熟练程度，增强财务人员对财务状况的判断力，这样才能为报表使用者提供合适的财务分析报告。

（五）企业财务管理中财务报表分析须注意的内容

1. 避免对财务报表分析的数据弄虚作假

从当前社会发展现状分析，会计报假账的现象层出不穷，这不仅不符合会计从业者的相关规定，并且也会给企业的发展造成影响。财务报表分析的数据是对企业财务管理实施决策的依据，假如财务报表分析的数据是虚假的，那么则会导致企业决策出现失误，会给企业带来难以估量的损失，因此企业财务报表分析的数据需要保证真实与可靠。

2. 积极构建综合性的报表分析方法

现如今财务报表分析方法众多，每一项财务报表分析方法都有自己的优点与缺点，不仅需要财务人员积极掌握各项分析方法，还要加以归纳与整理，制定更加系统的报表数据，从而建立综合的报表分析方法。

3. 加强对财务报表各个信息的分析

财务报表内容所包含的范围比较广，如果仅仅依靠单一的报表是无法将企业实际发展情况进行全面反映的，需要对多个报表一起进行分析，这样才能保证所得出数据的真实性。所以每一位财务工作人员需要对财务报表的各项信息加以了解，对企业信息与财务状况、企业经营之间的关系进行了解，将各个报表的重点进行掌握，为企业发展做出正确的决策。

财务管理是一切管理活动的基础，是企业内部管理的中枢。以财务管理为中心是企业经营者实现其经营目标的可靠保障，是企业参与市场竞争的根本要求，为此，在企业管理中必须充分发挥财务管理的中心作用。而财务报表分析是企业财务管理不可或缺的一个环节，它向报表使用者传递财务信息，为企业财务管理决策提供可靠的信息依据。随着社会主义市场经济的发展，财务报表分析对企业财务管理的作用将会越来越重要。

第二节 企业偿债、营运与盈利能力分析

一、企业偿债能力分析

偿债能力是反映一个企业的财务灵活性及其偿还债务的能力。企业偿债能力的强弱关乎企业的生死存亡，是企业健康发展的基本前提，也是投资者、债权人以及企业相关利益者非常关心的问题，企业全部的经营活动——融资、投资以及经营等均影响企业的偿债能

力。可见，偿债能力分析是企业财务分析中一个重要组成内容，对于提高企业偿债能力、保证企业健康发展都有着重要意义。

近年来，随着经营观念、经营意识的不断转变和增强，企业的偿债能力分析也越来越受到投资者、经营者和债权人的关注。不管是中小型企业还是上市公司，都应将自身的偿债能力上升到企业生死存亡的高度来认识，应加强科学分析，将之作为企业正常经营的晴雨表。

（一）企业偿债能力分析的意义以及主要内容

1. 企业偿债能力分析的意义

企业偿债能力是指企业偿还其债务（含本金和利息）的能力。通过企业偿债能力的分析，能够揭示一个企业的财务状况、财务风险的大小、筹资的潜力，也为企业的理财活动提供参考，这些对于企业的投资者、债权人、供应商以及企业管理者等利益相关者都有着很重要的意义。

（1）从投资者的角度而言

企业偿债能力的强弱对企业盈利能力的高低和投资机会的多少有着直接的影响，它的下降一般预示着企业盈利能力降低和投资机会减少。因此，企业偿债能力分析有利于投资者进行正确的投资决策。

（2）从债权人的角度而言

偿债能力的强弱对企业的资金本金、利息或其他的经济利益能否按期收回有着直接的影响。企业的偿债能力较弱的将会导致本金与利息收回的延迟，也有可能无法收回，因此，企业偿债能力分析有利于债权人进行正确的借贷决策。

（3）从管理者的角度而言

对企业的经营活动、筹资活动和投资活动能否正常进行有着直接的影响，也是对企业承受财务风险能力大小的分析，因此，企业偿债能力分析有利于企业管理者进行正确的经营决策。

（4）从供应商的角度而言

企业偿债能力与企业履行合同的能力有着直接的关系，它的下降会影响到资金的周转甚至是货款的安全，因此，企业偿债能力分析有利于供应商对企业的财务状况进行正确的评估。

2. 企业偿债能力分析的主要内容

企业偿债分析的内容受企业负债的内容和偿债所需资产内容的制约，偿债能力分析通常被分为短期偿债能力分析和长期偿债能力分析。

①短期偿债能力分析

短期偿债能力是指企业偿还流动负债的能力，或者说是指企业在短期债务到期时可以变现为现金用于偿还流动负债的能力。

②长期偿债能力分析

长期偿债能力是指企业偿还长期负债的能力，或者说是在企业长期债务到期时企业盈利或资产可用于偿还长期负债的能力。

（二）影响企业偿债能力的主要因素

1. 企业短期偿债能力的影响因素

短期偿债能力是指企业以流动资产偿还流动负债的能力。资产的流动性、流动负债的规模与结构、企业的经营现金流量水平等是影响短期偿债能力的主要因素。

（1）资产的流动性

财务分析人员在短期偿债能力分析时，一般是将企业的流动资产与流动负债比率大小算出，并以此数据作为企业短期偿债能力强弱的依据。资产的流动性是指企业资产转换成现金的能力，包括是否能不受损失地转换为现金以及转换需要的时间。流动资产是偿还流动负债的物质保证，所以从根本上决定了企业偿还流动负债的能力。此外，它与流动资产的规模和结构有关，从流动资产的变现能力角度看，一般地说，流动资产越多，企业短期偿债能力越强。通常也分为速动资产和存货资产两部分，在企业常见的流动资产中，应收账款和存货的变现能力是影响流动资产变现能力的重要因素。

（2）流动负债的规模和结构

流动负债的规模是影响企业短期偿债能力的重要因素。因为短期负债规模越大，短期企业需要偿还的债务负担就越重；流动负债的结构也直接影响企业的短期偿债能力，比如是以现金偿还还是以劳务偿还的结构、流动负债的期限结构；流动负债也有"质量"问题，因此，债务偿还的强制程度和紧迫性也是影响的因素。

（3）企业的经营现金流量水平

现金流量是决定企业偿债能力的重要因素。企业中很多短期债务都是需要用流动性最强的现金来偿还，因此现金流入和流出的数量将会直接影响企业的短期偿债能力。

2. 企业长期偿债能力的影响因素

企业长期债务包括长期借款、应付债券、长期应付款及其他长期负债，影响企业长期偿债能力的主要因素有：

(1) 企业的盈利能力

企业的盈利能力强，则长期偿债能力就强；反之，则长期偿债能力就弱。一个企业如果长期亏损，需要变卖资产才能偿还债务，企业不能进行正常的经营活动，将会影响到投资者和债权人的利益，可见，企业的盈利能力是影响长期偿债能力的最重要因素。

(2) 投资效果

投资的效果如何将会决定企业是否有偿还长期债务的能力。

(3) 权益资金的增长和稳定程度

对于债权人而言，都想增加权益资金，而把利润的大部分留在企业，减少利润向外流出，对投资者没有什么实质的影响，这样反而提高了企业长期偿债能力。

(4) 权益资金的实际价值

当一个企业结束经营时，最终的偿债能力取决于企业权益资金的实际价值，是影响企业最终偿债能力的最重要因素。

(三) 如何提高企业偿债能力

1. 优化资产结构

正常经营的企业，其资产总额总是大于负债总额的，但由于受资产的变现能力快慢、难易影响，导致了偿债能力强弱，因此要加强内部管理，提高资产使用效率，才能提高企业偿债能力。由于一些企业内部管理不善，导致企业资金被积压，资金得不到充分利用，直接导致企业偿还债务能力降低。因此，应尽量减少货币资金的闲置，减少流动资产的占有率，要加强货币资金的利用率，提高货币资金的获利能力，充分利用拥有充足的货币资金的强大优势创造更高的利润。加强对存货的管理，存货过多会占用资金，且通常变现能力较差，直接导致偿债能力下降，因此要减少在产品、扩大销售产成品、降低原材料库存。加强对应收账款的管理，加快应收账款回笼的速度，根据客户的不同分别制定科学合理的收账政策，谨防应收账款过大。对于长期投资，应要先对他们进行仔细的预测和分析，避免盲目投资，如摊子铺得过大，一时难以收缩。购置固定资产时要与企业的实际需要相联系，防止固定资产闲置过多，要充分利用资金。

2. 制订合理的偿债计划

在我们身边往往有一些企业破产倒闭出现，这些企业并不是因为资不抵债，而是因为缺乏合理的安排，资产不能按时变现、及时偿还债务。因此，企业事先应制订合理的偿债计划，才能为企业保持良好的信誉，避免由偿债引起的风险。在制订偿债计划时要与资产负债表的数据有密切的联系，所以提供的数据必须准确可靠，要对债务合同、契约中的还款时间、金额和条件等详细逐笔地列明，结合企业实际的经营情况、资金收入，把每一笔债务的支出与相应的资金对应，做到量出为入、有备无患，使企业的生产经营计划、偿债计划、资金链互相的配合，尽量使企业有限的资金通过时间及转换上的合理安排，满足日常的经营及每个偿债时点的需要。

3. 选择合适的举债方式

随着各行业激励的竞争，企业的资金链也会随之变得紧张起来，在当今的资本市场上，举债的方式由过去单一的向银行贷款，发展到可利用多种渠道筹集资金，而选择合适的举债才是最主要的。一是向银行借款，其要受资金头寸的限制，又有贷款额度的制约；二是向资金市场拆借，这个只能适合那些短期内急需资金的企业，而且使用时间不长，资金成本又较高；三是发行企业债券，向企业内部发行债券，能筹集的资金十分有限。对外发行债券，可以筹集到数额较大的资金，资金成本较高，稍有不慎，会带来很大风险，如果举债的资金合理科学地使用、经营得当，不但能提高企业自身的偿债能力，还能大大提高企业的收益。

4. 培植良好的公共关系

良好的公共关系和善于交际的能力，是现代企业不可缺少的，要让自己的企业做到诚实无欺，讲信誉、守信用，塑造企业的良好形象和魅力，这些是企业的无形资产。

5. 增强偿债意识

有的企业，虽然具有偿债能力，由于缺乏偿债意识，造成"赖账有理"的心理，能拖则拖，能赖则赖。这样的企业虽可得到暂时利益，但从长远看，会失去诚信、失去朋友，最终将会失去偿债能力，然后破产倒闭。总之，作为现代企业应居安思危，重点关注自身的偿债能力，科学地进行分析、掌握规律，努力提高偿债能力，让企业健康有序地发展。

（四）短期偿债能力分析

短期偿债能力是指企业偿付流动负债的能力。流动负债是将在1年内或超过1年的一个营业周期内需要偿付的债务，包括短期借款、应付账款、应付票据、预收账款等，其主要指标有流动比率、速动比率、现金比率、现金流动负债比率等。

1. 短期偿债能力指标主要有：

（1）流动比率

$$流动比率 = 流动资产/流动负债 \qquad (2-1)$$

表明1元的流动负债有多少流动资产作为偿还的保证。一般来说，该比率以不低于1最适合，若超过5，则意味着公司资产未能得到充分利用。在运用该指标分析公司短期偿债能力时，还应结合存货的规模大小、周转速度、变现能力和变现价值等指标进行综合分析。如果某一公司虽然流动比率很高，但其存货规模大、周转速度慢，有可能造成存货变现能力弱、变现价值低，那么该公司的实际短期偿债能力就要比指标反映的弱。

（2）速动比率

$$速动比率 = 速动资产/流动负债 \quad (2-2)$$

其中，

$$速动资产 = 流动资产 - 存货 - 预付账款 - 年内到期的非流动资产 - 其他流动资产 \quad (2-3)$$

或

$$速动资产 = 货币资金 + 交易性金融资产 + 应收账款 + 应收票据 + 其他应收款 \quad (2-4)$$

速动比率表示每 1 元流动负债有多少速动资产作为偿还的保证，进一步反映流动负债的保障程度。

一般情况下，该指标越大，表明公司短期偿债能力越强，通常该指标在 1 左右较好。在运用该指标分析公司短期偿债能力时，应结合应收账款的规模、周转速度和其他应收款的规模以及它们的变现能力进行综合分析。如果某公司速动比率虽然很高，但应收账款周转速度慢，且它与其他应收款的规模大、变现能力差，那么该公司较为真实的短期偿债能力要比该指标反映的差。

（3）现金比率

$$现金比率 = （货币资金 + 交易性金融资产）/流动负债 \quad (2-5)$$

现金比率可以反映企业的直接支付能力，因为现金是企业偿还债务的最终手段，如果现金缺乏，就可能会发生支付困难，将面临财务危机，因而现金比率高，说明企业有较强的支付能力，对偿付债务是有保障的。

（4）现金与流动负债比率

$$现金与流动负债的比率 = 年经营现金净流量/年末流动负债 \quad (2-6)$$

如果这一比率大于或等于 1，表明公司可以用经营收入来偿还到期债务的本息，具有稳定可靠的第一偿债来源。如果这一比率小于 1，则表明公司的经营收入不能满足偿还到期债务的需要，要偿还到期债务，只能通过变卖资产或通过投资活动、筹资活动取得的现金。

2. 短期偿债能力分析方法

短期偿债能力受多种因素的影响，包括行业特点、经营环境、生产周期、资产结构、流动资产运用效率等。仅凭某一期的单项指标，很难对企业短期偿债能力做出客观评价。因此，在分析短期偿债能力时要做到两点：一方面，应结合指标的变动趋势，动态地加以评价；另一方面，要结合同行业平均水平，进行横向比较分析。

（1）同行业比较分析

同行业比较包括同行业先进水平、同行业平均水平和竞争对手比较三类，短期偿债能力的同行业比较程序如下：首先，计算反映短期偿债能力的核心指标——流动比率，将实际指标值与行业标准值进行比较，并得出比较结论；其次，分解流动资产，目的是考察流动比率的质量；再次，如果存货周转率低，可进一步计算速动比率，考察企业速动比率的水平和质量，与行业标准值比较，并得出结论；最后，通过上述比较，综合评价企业短期偿债能力。

（2）历史比较分析

短期偿债能力的历史比较分析采用的比较标准是过去某一时点的短期偿债能力的实际指标值。比较标准可以是企业历史最好水平，也可以是企业正常经营条件下的实际值。在分析时，经常采用与上年实际指标进行对比。采用历史比较分析的优点：一是比较基础可靠，历史指标是企业曾经达到的水平，通过比较，可以观察企业偿债能力的变动趋势；二是具有较强的可比性，便于找出问题。其缺点：一是历史指标只能代表过去的实际水平，不能代表合理水平，因此，历史比较分析主要通过比较，揭示差异，分析原因，推断趋势；二是经营环境变动后，也会减弱历史比较的可比性。

（3）预算比较分析

预算比较分析是指对企业指标的本期实际值与预算值所进行的比较分析。预算比较分析采用的比较标准是反映企业偿债能力的预算标准。

3. 其他影响短期偿债能力因素

在财务报表中没有反映出来的因素，也会影响企业的短期偿债能力，甚至影响力相当大。增加偿债能力的因素有可动用的银行贷款指标、准备很快变现的长期资产和偿债能力声誉。减少偿债能力的因素有未做记录的或有负债等。

（五）长期偿债能力分析

长期偿债能力是指企业偿还长期负债的能力，长期负债是指期限超过 1 年的债务，主要有长期借款、长期应付款等。反映企业长期偿债能力的财务比率主要有资产负债率、股东权益比率、产权比率、利息保障倍数等。

1. 长期偿债能力指标

（1）资产负债率（负债比率或负债经营率）

$$资产负债率=负债总额/资产总额 \qquad (2-7)$$

它反映企业的资产总额中有多少是通过举债而得到的。这个比率越高，表明偿还债务的能力越差；反之，偿还债务的能力越强。

(2) 产权比率（自有资金负债率或资本负债率）

$$产权比率 = 负债总额/所有者权益总额 \qquad (2-8)$$

该指标反映企业在偿还债务时股东权益对债权人权益的保障程度，是企业财务结构稳健与否的重要标志。该比率越低，说明企业长期偿债能力越强，对债权权益的保障程度越高，财务风险越小，是低风险、低收益的财务结构。

(3) 股东权益比率

$$股东权益比率 = 股东权益/资产总额 \qquad (2-9)$$

该比率反映企业资产中有多少是所有者投入的。这个比率从不同的侧面反映企业长期的财务状况，股东权益比率越大，负债比率就越小，企业的财务风险也越小，偿还长期债务的能力就越强。

(4) 利息保障倍数指标

$$利息保障倍数 = 息税前的利润/利息费用 \qquad (2-10)$$

$$息税前的利润 = 利润总额 + 利息费用 = 净利润 + 所得税 + 利息费用 \qquad (2-11)$$

利息保障倍数反映了获利能力对债务偿付的保证程度。该比率只能反映企业支付利息的能力和企业举债经营的基本条件，不能反映企业债务本金的偿还能力。该指标反映的是从所借债务中获得的收益为所需支付债务利息的多少倍。一般情况下，企业对外借债的目的在于获得必要的经营资本，企业举债经营的原则是对债务所付出的利息必须小于使用这笔钱所能赚得的利润。否则，对外借债就会得不偿失。由此该指标至少要大于1。

2. 长期偿债能力分析方法

(1) 考虑资本结构

资本结构是指企业各项资本的构成及其比例关系。广义的资本结构是企业全部资本的构成，如长期资本和短期资本的结构及比例，狭义的资本结构是指长期资本的结构，如长期债务资本与权益资本的结构及比例，我们主要从狭义资本结构分析其对企业偿债能力的影响。

(2) 结合企业获利能力分析

长期偿债能力与获利能力密切相关。企业能否有充足的现金流入偿还长期负债，在很大程度上取决于企业的获利能力。一般来说，企业的获利能力越强，长期偿债能力越强；反之则越弱。

3. 其他影响长期偿债能力因素

在财务报告分析中，还有一些因素也会对长期偿债能力带来影响，报表使用者应引起足够的注意。

（1）长期租赁

企业的长期租赁有两种：经营租赁、融资租赁。融资租赁的资产视为自有资产管理，其支付的租金作为企业的负债在资产负债表中反映；而经营租赁资产不视为企业的自有资产，其支付的租金不在资产负债表中反映，只出现在会计报表附注和利润表的管理费用项目中。当企业经营租赁量较大、期限较长或具有经常性时，经营租赁实际上就构成了一种长期性筹资，但是租赁费用却不在长期负债项目中反映。

（2）或有事项

或有事项是指过去交易或事项形成的，其结果须由某些未来事项的发生或不发生才能决定的不确定事项。或有事项会导致或有资产和或有负债。产生或有资产会提高企业的偿债能力，产生或有负债会降低企业的偿债能力。因此，在分析报表时，必须充分注意有关或有项目的会计报表附注的披露，以了解未在资产负债表上反映的或有项目，并在评价企业的长期偿债能力时，考虑或有项目的潜在影响。

企业出于维持日常经营活动和进行长期发展的需要，一般会采用向外举债的方式筹集资金，从而形成企业的负债。偿债能力在一定程度上反映了企业的财务状况，是企业财务分析的重要内容。

二、企业营运能力分析

企业营运能力分析分为内部因素分析和外部因素分析。内部分析一般按照财务报表分析。企业财务报表分析中的营运能力分析包括总资金周转率和周转天数、固定资金周转率和周转天数、流动资金周转率和周转天数、应收账款周转率和周转天数、存货周转率和周转天数。各指标都从不同角度说明企业的营运能力，但各指标也都有其不足，财务报表分析者应注意。所以，营运能力分析包括人力资源营运能力分析和生产资料营运能力的分析。

资产是一个企业从事生产经营活动必须具备的物质基础，它们能给企业带来巨大的经济利益。企业资产不断转化的过程，其转化效率的高低就成为影响企业资产质量的高低的关键。

一个企业的负债及所有者权益是否有充分的保障，收益能力是强是弱，生产经营能力是高是低，在很大程度上取决于资产结构的合理与优化。资产营运能力分析为此提供了评论依据、手段和结果。

（一）企业营运能力分析概述

新市场经济体制的确立，为企业营运能力体系的产生创造了宏观环境。中国市场经济由计划经济转型而来，计划经济是存在于广大发展中国家的普遍现象，这种现象不仅是历史原因造成的，而且是在其特定的政治、经济、文化等制度背景下形成和发展起来的。

（二）企业资产运营能力分析的目的

对资产营运能力进行分析，其目的是判断和确定资产营运状况对企业经营和财务活动的影响，并提出使用资产的对策，使企业的资产结构最优。企业财务活动的关注者不同，对资产营运能力分析的目的也不同。

1. 从企业所有者的角度

企业所有者对资产结构分析的目的是判断企业财务安全性、资本保全程度以及资产收益能力。

2. 从企业债权人的角度

企业债权人资产结构分析的目的是判断其债权的物质保证程度或安全性，以确定是否对企业给予信贷和连续房贷。即债权人的物质保障程度是研究企业存量资产及其结构与债务总量及结构之间存在的相关关系。

3. 从企业经营者角度

企业经营者资产结构分析的目的是优化资产结构，提高企业资金周转效率，减少资产经营风险。从这个角度看，资产营运状况分析的3个目的是彼此联系的。通过资产结构优化来改善企业财务状况，资金周转就能加快，而资金周转加快，资产的经营风险就能降低。

4. 从企业业务关联方的角度

资产机构分析的目的是判断在业务往来中企业是否有足够的商品供应或有足够的支付能力。企业在业务经营中，与业务关联单位发生联系主要是销售业务和购进业务。就购进业务而言，销售企业最关心企业是否具有足够的支付能力。因而，购入企业最关心存货在资产结构的比重，来判断购入合同的到期履行率，并据以确定货款的支付方式，防止预付货款变成坏账。但任何企业运用资金、经营资产，其根本目标是取得收益或利润，使股东财富最大化。而企业在一定时点上的存量资产是企业获得收益或利润的基础。

（三）资产营运能力分析的内容及主要指标计算分析

资产营运能力分析也称为资产营运状况分析。营运能力是指企业资金运用能力，反映企业资产管理水平和资金周转状况，营运能力分析实际上是对企业的总资产及其各个组成要素的营运能力进行分析。资产营运能力分析的具体内容包括3个方面，即资产营运效率分析、资产规模分析、资产结构分析。

营运能力反映企业资产和利用的效率，营运能力强的企业，有助于获利能力的增长，进而保证企业具备良好的偿债能力。衡量企业营运能力的财务指标主要有：

1. 总资金周转率

总资金周转率是销售收入与总资产之间的比率，它是综合评价企业全部资产经营质量和利用效率的重要指标。它有三种表现方式，即总资金周转次数、总资金周转天数、总资产与收入比。要对总资金周转率做出客观全面的分析，企业还应从两方面入手：

第一，纵向比较。对企业近几年来的总资金周转率进行对比。

第二，横向比较。将本企业与同类企业的总资金周转率对比。

通过纵、横比较，就可以发现企业在资产利用上取得的成绩与存在的问题，从而促使企业加强经营管理，提高总资产利用率。

2. 流动资金周转率

流动资金周转率是评价企业资产利用效率的另一主要指标。对企业来说，要加快流动资产的周转速度，就必须合理持有货币资金，加快账款的回收，扩大销售，提高存货周转速度。

3. 固定资金周转率

固定资产是企业的一类重要资产，在总资产中占有较大比重，更重要的是固定资产生产能力，关系到企业产品的产量和质量，进而关系到企业的盈利能力。固定资产应及时维护、保养和更新，对技术性能落后、消耗高、效益低的固定资产要下决心处理，引进技术水平高、生产能力强、生产质量高的固定资产，并且要加强对固定资产的维护保管。

4. 应收账款周转率

应收账款周转率反映应收账款的变现速度，是对流动资金周转率的补充说明。企业应加强对应收账款的管理，管理的目标应是在发挥应收账款强化竞争、扩大销售的同时，尽可能降低应收账款投资的机会成本、坏账损失与管理成本。

5. 存货周转率

存货周转率是对流动资金周转率的补充说明，是评价企业从取得存货、投入生产到销售收回等各个环节管理状况的综合性指标。企业经营的最终目的是要实现企业价值最大化，而价值最大化的实现有赖于企业资产的合理使用，不断提高资产的使用效率，这需要企业管理者学会分析、学会发现，用智慧去管理。

三、企业盈利能力分析

企业的盈利能力是指企业利用各种经济资源赚取利润的能力，它是企业营销能力、获取现金能力、降低成本能力及规避风险能力等的综合体现，也是企业各环节经营结果的具体表现，企业经营的好坏都会通过盈利能力表现出来。企业盈利能力分析主要是以资产负债表、利润表、利润分配表为基础，通过表内各项目之间的逻辑关系构建一套指标体系，通常包括销售净利率、成本费用利润率、总资产报酬率、利息保障倍数等，然后对盈利能力进行分析和评价。在盈利能力分析中应注意以下几个问题。

（一）不能仅从销售情况看企业盈利能力

对企业销售活动的获利能力分析是企业盈利能力分析的重点。在企业利润的形成中，营业利润是主要的来源，而营业利润高低关键取决于产品销售的增长幅度。产品销售额的增减变化，直接反映了企业生产经营状况和经济效益的好坏。因此，许多财务分析人员往往比较关注销售额对企业盈利能力的影响，试图只根据销售额的增减变化情况对企业的盈利能力进行分析和评价。然而，影响企业销售利润的因素还有产品成本、产品结构、产品质量等因素，影响企业整体盈利能力的因素还有对外投资情况、资金的来源构成等。

（二）关注税收政策对盈利能力的影响

税收政策是指国家为了实现一定历史时期任务，选择确立的税收分配活动的方针和原则，它是国家进行宏观调控的主要手段。税收政策的制定与实施有利于调节社会资源的有效配置，为企业提供公平的纳税环境，能有效调整产业结构。税收政策对于企业发展有很重要的影响：符合国家税收政策的企业能够享受税收优惠，增强企业盈利能力；不符合国家税收政策的企业，则被要求缴纳高额的税收，从而不利于企业盈利能力的提高。

（三）重视利润结构对企业盈利能力的影响

企业利润主要由主营业务利润、投资收益和非经常项目收入共同构成，一般来说，主营业务利润和投资收益占公司利润很大比重，尤其主营业务利润是形成企业利润的基础。非经常项目对企业的盈利能力也有一定的贡献，但在企业总体利润中不应该占太大比例。在对企业盈利能力进行分析时，很多财务分析人员往往只注重对企业利润总量的分析，而忽视对企业利润构成的分析，忽视了利润结构对企业盈利能力的影响。

（四）关注资本结构对企业盈利能力的影响

资本结构是影响企业盈利能力的重要因素之一，企业负债经营程度的高低对企业盈利能力有直接的影响。当企业的资产报酬率高于企业借款利息率时，企业负债经营可以提高企业的获利能力，否则企业负债经营会降低企业的获利能力。有些企业只注重增加资本投入、扩大企业投资规模，而忽视了资本结构是否合理，有可能会妨碍企业利润的增长。

（五）注意资产运转效率对企业盈利能力的影响

资产对于每个企业来说都是必不可少的，资产运转效率的高低不仅关系着企业运营能力的好坏，也影响到企业盈利能力的高低。通常情况下，资产运转效率越高，企业运营能力就越好，而企业的盈利能力也越强，所以说企业盈利能力与资产运转效率是相辅相成的。然而，很多财务人员在对企业的盈利能力进行分析时，往往只通过对企业资产与利润、销售与利润的关系进行比较，直接来评析企业的盈利能力，而忽视了企业资产运转效率对企业盈利能力的影响，忽视了从提高企业资产管理效率角度提升企业盈利能力的重要性。

（六）对企业盈利模式因素的考虑

企业的盈利模式就是企业赚取利润的途径和方式，是指企业将内外部资源要素通过巧妙而有机的整合，为企业创造价值的经营模式。独特的盈利模式往往是企业获得超额利润的法宝，也会成为企业的核心竞争力。一个企业即使是拥有先进的技术和人才，但若没有一个独特的盈利模式，企业也很难生存。显然，企业的盈利模式并不是指从表面上看到企业的行业选择或经营范围的选择。因此，要想发现企业盈利的源泉，找到企业盈利的根本动力，财务人员就必须关注该企业的盈利模式。

（七）重视非物质性因素对企业的贡献

忽视非物质性因素对企业的贡献，是指在分析企业盈利能力时只注重分析企业的销售收入、成本、费用、资产规模、资本结构等直接影响企业盈利水平的物质性因素，而忽视企业的商业信誉、企业文化、管理能力、专有技术以及宏观环境等一些非物质性因素对企业盈利能力的影响。事实上，非物质性因素也是影响企业盈利能力的重要动因，比如企业有良好的商业信誉、较好的经营管理能力和企业文化，将会使企业在扩大销售市场、成本控制、获取超额利润等方面有所收获，这都有利于企业盈利能力的提高。

（八）不仅要看利润多少，还要关心利润质量

对企业盈利能力高低的判断，取决于企业提供的利润信息，企业利润的多少，直接影响企业的盈利能力。一般来说，在资产规模不变的情况下，企业利润越多，企业盈利能力

相应越好；反之，企业利润越少，企业盈利能力越差。因此，很多财务人员在对企业盈利能力进行分析时，非常重视利润数量的多少。然而，企业的利润额由于受会计政策的主观选择、资产的质量、利润的确认与计量等因素的影响，可能存在质量风险问题。

（九）不能仅以历史资料评价盈利能力

在财务分析时，大多数财务人员都是以企业年度决算产生的财务会计报告为基础计算各种盈利能力指标，来评价分析企业的盈利能力。在这种盈利能力分析中，人们所计算、评价的数据反映的是过去会计期间的收入、费用情况，都是来源于企业过去的生产经营活动，属于历史资料。而对一个企业的盈利能力进行分析评价，不仅要分析它过去的盈利能力，还要预测分析它未来的盈利能力。因此，如果仅以历史资料来评价企业的盈利能力，很难对企业的盈利能力做出一个完整、准确的判断。

第三节 企业财务状况分析

作为社会发展支柱和推动力，企业发展的好坏直接关系着整个社会的发展前途。并且我国作为人口大国，首先是有充足的劳动力，其次是我们的资源有限，如何在这样有限的环境让充足的劳动力将效率发挥到最大限度，是一个好的企业应该具有的最基本的要求。企业的经济效益在为国民经济持续发展提供了支持和保障，能够正确地评价企业的经济效益就需要我们有对于企业的经济效益分析的正确方法。

众所周知，财务报表是企业生产经营状况及工作业绩的综合数字体现，如果能通过分析财务报表了解到企业存在的问题，并采取有效的措施加以解决，则会避免其对企业造成的损失。财务分析是针对企业财务状况、经营成果及发展趋势进行的分析和评价，通过财务分析，可以了解企业的财务状况及经营成果，也有助于发现企业经营活动的问题，从而为改善问题指明方向，也可以帮助利益相关者决策。从上述分析中发现问题并且找到解决问题的办法，对于无法解决的问题就需要对企业采取其他相应的改良措施。

一、财务分析概念及相关研究

狭义的财务状况分析是指以财务报表为主要依据，有针对性、有重点地对其有关项目和其质量进行分析和考察，进而对企业的财务状况的质量、经营成果进行评价和剖析，以反映企业在运营过程中的利弊得失、财务状况和发展趋势，为报表使用者的经济决策提供重要信息支持的一种分析活动。广义的财务状况分析是在狭义概念的基础上在补充一些关于公司概况、企业优势、企业发展前景和证券市场方面的分析。

对于财务分析而言，针对的主体不一样，相应的作用也是不一样的。对公司内部而言，追求公司利润的最大化，通过对财务报表的分析可以详细地了解公司的营运能力或资金周转状况、盈利能力等方面的内容，这样也有利于经营管理人员了解本单位各项任务指标的完成情况，及时发现问题，为经济预测及做出科学合理的决策提供依据；对于政府有关部门而言，正确的财务分析有利于国家经济管理部门了解国民经济运行状况；对于外界投资者、债权人和其他利益相关者来说，有利于掌握公司的财务状况、经营成果和详尽流量等情况，进而分析、了解公司短期和长期的收益水平高低，公司收益是否受重大变动的影响，以及在同一行业中，与其他竞争者相比，公司处于何种地位，等等。

二、从企业财务工作的实际出发，客观、深入地做好财务分析工作

财务状况是企业全部生产经营过程动态和静态的货币反映，包括所有资产、负债、资本、损益的增减变化情况和结果。以上范围内任何一个数据的变化，都会在另一相关方面显示出来，甚至发生连锁反应。如果某一方面的变化多次重复产生，就会逐步聚集，引起企业财务状况发生重大的变化，直至企业整体改变面貌。企业财务状况所反映的内容，按其性质可分为4个方面。

（一）资产结构

企业经营运转的基础是资金，资产是资金的实物反映，其表现形式虽是财务静态指标，但反映的却是企业的经营动态结果。从资产负债表上列示的各种资料分析，其结构比例能否达到最佳状态，并取得理想的效果，是企业经营成败的重要条件。现在有些人士识别企业财务状况好坏的标准，往往集中在要有较多的货币资金方面，这是一种片面的看法，货币资金对企业确实不可缺少，但应当适度，过多或者过少都有害。还有一种倾向认为固定资产较多，说明实力雄厚，事实却相反，固定资产过多必然影响流动资金不足，运转能力失衡。凡此种种观念都应该予以纠正。

（二）循环速度

企业资金的运用是否适当，从另一个角度来判别，就是资金的循环速度，各种资产在企业经营中周期有长有短，须按照其特性分别确定。企业资产周期超逾常规，必然对企业财务状况产生影响。如全部资产的周转速度是否正常，这是企业有效运营的关键，但有些企业对此并不重视，严重影响增值能力的发挥。

（三）增值能力

企业能否创造利润是企业是否具有生命力的大事，但也不能光看"有没有利润"和"利润有多少"，更重要的是利润来源的方式，是否与企业性质任务相匹配。曾有一户工业企业，由于市场情况发生变化，当年主要产品销售利润下降较多，但在证券投资方面和外汇牌价变动方面，获得了一些利润，得以弥补缺口。对此种情况有两种评价：一种认为企业化险为夷很不容易，应该说财务状况不差；另一种认为这并非主营业务所得，对企业财务状况中存在的主要问题不能掉以轻心。

（四）筹资方式

企业资金的来源有多种形式，在正常情况下，其主要来源是企业资本和长期负债2个方面。两者相互之间的比率并无绝对标准，要视市场情况、金融情况和企业情况来研究决定，主要原则是要有利于企业的经营和资金的增值。在此方面值得注意的是：①固定资产的总额不能超过企业资本和长期负债的总额，固定资产的资金来源不宜由流动负债或短期负债来提供；②外币负债必须与外币资产和未来的收入相适应，不能超逾过多，以防汇率上涨时带来风险损失。

对企业财务状况进行研究，要防止三种倾向：一是表面倾向，只看到某一方面而没有细察其他相关事项和原因，只看静态，不分析动态，这样做出的定论，往往容易形成片面认识；二是模糊倾向，财务状况的数据，大部分来自主要会计报表，如不深入思考或对照其他资料，很难得出正确概念；三是误导倾向，研究财务状况的目的，在于了解现状，预测未来，做出判断，从而决定后一期间的行动方针，如果所掌握的资料不能准确反映现状，或者有所偏差，必然影响对未来预测的正确程度，做出偏离现实的判断，造成误导的严重后果。

为了防止以上各种倾向，正确反映财务状况，在研究方法上应把握住以下3个方面：第一，定量和定性相结合，财务状况和研究不能专注于"量"的方面，必须抓住"性"的方面，要透过数字看到实质，无法定性的各种数字，必然无法反映财务的真实状况，因此毫无意义，例如，利润金额的大小，只是一种"量"的表现，只有研究了利润的来源和形成过程后，才能判别其是否属于正常状态，并给予正确"定性"；第二，局部和整体相结合，对财务状况中的各个数字进行局部研究时，必须与整体财务状况联系起来进行分析，才能避免各种可能出现的片面性，从而得出正确的概念，例如，应收账款余额很大，并不能简单地判断其就是好事，只有在周转期加速的情况下，才能证实其属于健康状态，给予正确定性；第三，现状和预测相结合，研究本期财务状况，只是一种财务现状的分析，如果不采用适当的方式进行比较，就无法推断其本来发展的趋向，因此在研究本期财务状况时必须采用"趋势分析"的方法，与以前若干期的数据进行比较，从中观察其变化规律，预测未来。

三、财务状况的综合分析

（一）杜邦分析法

前面讲到要对企业的财务状况做出科学评价，必须综合分析企业偿债能力、营运能力及盈利能力3个指标，并且这3个指标相互作用、互相影响。所以，要把企业财务活动当作一个整体去分析，利用各个主要财务比率指标之间的关联来分析财务状况，杜邦分析法就是最明显的一种。

（二）财务比率结合评价法

各种财务比率体现了企业会计报表中各项目之间的相互关系，不过，每项财务比率只能反映单个方面的情况。要全面分析，可运用指数法计算一个综合指数。运用指数法编制综合分析表的方法如下：明确评价企业财务状况的比率指标，往往要选择能够反映问题的重要指标，按照各项比率指标的重要性，规定其重要性系数，确定各项比率指标的标准值，也叫作最优值；算出企业在某个阶段各项比率指标的实际值，求出各指标实际值与标准值的比率，称为关系比率，求得各项比率指标的综合指数及其合计数。各项比率指标的综合指数，是关系比率和重要性系数的乘积。这些指数将作为综合评价企业财务状况的依据。采用指数法来全面评价企业财务状况，要重点关注重要性系数和标准系数。

1. 财务分析的主要方法

财务分析主要包括四种方法：第一，比较分析，为了表明财务信息之间的数量关系与差异，为下一步分析指明方向；第二，趋势分析，为了反应财务状况和经营成果的变化及其原因，预测未来状况；第三，因素分析，其目的是分析各因素对某一财务指标的影响程度，以差异分析法为主；第四，比率分析，通过分析财务比率来把握企业的财务状况和成果，往往要在比较分析和趋势分析方法上进行。

2. 财务比率分析

财务比率能够减少规模带来的影响，通过比较企业的收益与风险，帮助投资者和债权人制定科学决策。

（1）财务比率的分类

通常，我们会用偿债能力、营运能力、盈利能力这3个方面的比率来确定风险和收益的关系，这3个方面彼此之间有着一定的关联，如盈利能力限制着短期和长期的流动性，而资产运营的效率又影响了盈利能力。

（2）主要财务比率的理解

①反映偿债能力的财务比率

短期偿债能力：短期偿债能力表现为企业偿还短期债务的能力。短期偿债能力差，企业的资信也会受到影响，今后筹集资金的难度也会增加，企业还有可能陷入财务危机，濒临破产。通常，企业会以流动资产偿还流动负债，在这里，流动资产与流动负债之间的关系就反映了短期偿债能力，流动比率越高，说明企业的短期偿债能力越强，不过如果流动比率过高，企业资金的使用效率和获利能力也会受到影响。

长期偿债能力：长期偿债能力即为企业偿还长期利息与本金的能力。通常，企业借长期负债的目的在于长期投资，用投资产生的收益偿还利息与本金是最好不过的了。负债比率和利息收入倍数2项指标可确定企业的长期偿债能力。实际中，财务杠杆越高，债权人的可享受的权益就越少，财务杠杆过低反映出企业的资金利用不合理。

②反映营运能力的财务比率

营运能力就是以企业各项资产的周转速度为标准分析企业资产利用的效率。周转速度越快，企业的各项资产的速度也会越快，其经营效率也就越高。通常，营运能力包括应收款周转率、存货周转率、流动资金周转率、固定资金周转率、总资金周转率5个指标。在分析时，要注意各资产项目的组成结构，分析各指标之间的联系，才能获得科学分析结果。

③反映盈利能力的财务比率

盈利能力企业关注的核心，只有长期盈利，企业才能实现可持续发展。通常会用毛利率、营业利润率、净利润率、总资产报酬率、权益报酬率来衡量企业的盈利能力。要确定上述盈利指标高或低，将企业与同行业其他企业的水平进行对比就可得出结论。实际工作中，我们较为关注的是企业后续的盈利能力，也叫成长性。成长性好的企业，其发展前景也好，吸引的投资者也更多。

（三）现金流分析

在分析财务比率过程中，要重视现金流对一个企业发展的影响。现金流分析要考虑2个方面。首先，现金流的数量，倘若企业总的现金流是正，就表明企业的现金流入可以满足现金流出的要求。那么，企业是怎样确保其现金流出的需要的呢？这要看现金流各组成部分之间的关系。其次，现金流的质量。表现为现金流的波动、企业的管理情况如销售收入的增长速度,存货是过快还是过慢,应收款的回收性如何,各项成本控制合理与否等。这些因素对企业产生未来现金流的能力都会产生很大影响。

通过分析比率可了解和掌握企业的财务状况和经营成果。衡量企业财务状况的财务比率主要包括偿债能力、营运能力和盈利能力3个方面。通过杜邦图可有机结合上述比率,综合分析企业的运营状况。在实际工作中,要结合实际情况,运用现金流分析法,科学评定其产生未来现金流的能力。

四、加强和改进财务分析工作的几点建议

(一) 财务状况分析的目的和要求,需要进一步予以明确

从目前有关企业的实践情况来看,一般都集中精力于基本数据的计算,出于第二步、第三步怎么走下去却心中无数。现在有些人陆续提出一些意见,归纳起来有三种见解:第一种认为只要计算实际数据即可;第二种认为只有实际数据还不够,应该提出一个标准数据以便对照比较,从而得出各个指标的完成程度;第三种认为有了各个指标的完成程度,还应该汇总起来做出整体评价。这三种想法各有理由,可以商榷。

(二) 财务指标的内容和公式,须做一些补充和修正

财务指标的内容很多,不可能全部列入考核范围,但对于一些关键性的指标,如全部资金周转率、销售毛利率等反映资产实力和创利基础的指标,应该作为考核指标。有些指标的计算公式,如速动比率的计算内容,应该具体分析各种流动资产和负债的变现偿付情况,剔除无关项目,有些指标合理又不够确切,如资产负债率的主要作用按"工业企业财务指标"的规定是:"衡量企业利用债权人提供资金进行经营活动的能力"以及"反映债权人发放贷款的安全程度"。因此,两种方法都有待改进。

(三) 财务指标的检查、公布和监督,须采取有力措施

对财务状况进行必要的检查和公布,是转换经营机制以后加强企业管理的必然课题。这里财务指标可以分为三部分:一部分是公布给投资者看的,另一部分是送给债权人看的,还有一部分是留给经营者看的。对不同的人可以使用不同的指标,应该说,财务指标可以分别从各个角度进行计算和分析,但决不能以某一方面的数据来判定整个企业经营成果的好坏,不论是投资者、债权人或经营者,对企业的各项主要财务指标应该全面考虑,才能做出正确决策,为了促进企业财务状况分析的重视,须加强管理,既要规定财务指标的内容,又要对其分析数据的检查、公布和监督方法做出具体的规定。

第三章 财务综合分析

第一节 财务综合分析概述与杜邦财务分析体系

一、财务综合分析概述

(一) 综合分析的含义

财务综合分析，是指将企业的营运能力、偿债能力、盈利能力等方面的分析纳入一个有机的分析系统之中，全面地对企业的财务状况、经营成果和现金流量进行剖析，从而对企业的整体经济效益做出较为准确的评价和判断。

(二) 综合分析的特点

综合分析与单项分析相比，具有以下显著特点：

1. 分析问题的方法不同

单项分析采用一般到个别的形式，将企业的财务活动分解为一个个具体的部分，然后逐一进行分析考察；而综合分析采用从个别到一般的顺序，通过归纳总结，在分析的基础上从整体上把握企业的财务状况和经营成果。

2. 评价指标的要求不同

单项分析具有实证性和实务性，评价指标要求能够认识每一具体的财务现象；而综合分析具有高度的抽象性和概括性，着重从整体上概括企业财务状况、经营成果的本质特征，评价的范围更全面。

3. 分析的重点和比较基准不同

单项分析的重点和比较基准是财务计划、财务理论标准；而综合分析的重点和比较基准是企业整体的发展趋势，两者的角度存在区别。

4. 指标之间的关系不同

单项分析把每个分析的指标视为同等重要的地位来处理，一般不考虑各指标之间的相互关系；而综合分析强调各指标之间的主次之分，在对主要指标进行分析的基础上，再对次要指标进行分析。

（三）综合分析的意义

1. 有助于评估企业的经营绩效

通过财务综合分析，将企业实际指标数据与以前各期、计划指标、先进指标等进行比较，对企业的财务状况和经营成果进行客观、公正的评价，以判断企业在分析期的管理水平和经营业绩。

2. 有助于挖掘企业的潜力

运用综合分析法，可以对影响企业财务状况和经营成果的各项因素进行量化考核分析，找出制约企业发展的关键因素；通过分析影响因素和计算影响程度，可以分清影响企业财务指标的有利因素和不利因素、主要因素和次要因素；然后对各项指标的变动结果进行综合分析，找出差距，查明原因，制定改进措施，挖掘企业各个方面的能力。

3. 有助于为财务分析者做出经济决策提供依据

经营活动的中心在于管理，管理的中心在于决策。企业的财务活动是一个复杂的总体，各项财务指标之间存在着本质的、必然的联系。

二、杜邦财务分析体系

（一）杜邦财务分析体系的产生及含义

著名化学制品生产商杜邦公司为了考核集团下属企业的业绩，制定了一个以自有资金利润率为核心的财务比率考核体系。该系统出现后，迅速风靡全球，从最初的管理层用于企业内部考核，到投资者、债权人用于分析企业的经营绩效。因其最先为杜邦公司创造并成功应用，因而称为杜邦财务分析体系，又称杜邦分析法。20 世纪后半叶，杜邦分析体系被介绍到中国，引起了中国会计界和大型企业的重视，已被吸纳为各类财务管理及分析教材的内容，同时被广泛应用于企业财务综合分析的实践。

企业的各项财务活动、财务指标之间是相互联系、相互影响的，这就决定了对企业进行财务分析时应将其财务活动看成一个大的系统，对系统内各种因素进行综合分析。杜邦分析法就是利用财务指标之间的内在联系，建立财务分析指标体系，对企业的财务状况和经营效益进行综合系统分析评价的方法。

杜邦财务分析体系最显著的特点是将若干个用以评价企业经营成果和财务状况的指标按其内在联系有机地结合在一起，形成一个完整的指标体系，并最终通过净资产收益率来综合反映。其基本思想是将企业净资产收益率逐级分解为多项财务比率的乘积，使财务比率的分析层次更清晰、条理更突出，为报表使用者全面了解企业的经营和盈利状况提供方便。

杜邦财务分析体系在企业的管理中发挥着巨大的作用，有助于企业管理者更加清晰地看到净资产收益率的驱动因素，以及销售净利率、总资产周转率、债务比率之间的相互关系，给管理者提供了一幅考察公司资产管理效率以及净资产投资回报是否最大化的明晰路线图。

(二) 杜邦财务分析体系的基本内容

杜邦财务分析体系的核心指标就是净资产收益率，它反映了企业净资产的活动能力。

杜邦财务分析体系分解图反映了企业有关财务比率之间的关系，它把孤立的若干指标联系起来，便于分析企业整体的财务状况和经营绩效，即杜邦分析系统可以反映影响企业净资产收益率的3个主要因素以及每个因素的决定过程，它既可以反映企业的资产结构，也可以反映企业的收入、成本构成。具体而言，从杜邦分析系统可以得到如下信息：

1. 净资产收益率是杜邦分析系统的核心

净资产收益率是杜邦分析体系中的核心指标，它反映了投资者投入资本的活力能力。净资产收益率可以分解为总资产净利率与权益乘数两大指标，这说明净资产收益率的变动取决于企业的资产经营和资本经营，是企业经营活动效率和财务活动效率的综合体现。

2. 资产周转率是提高净资产收益率的基础

资产周转率反映了企业资产周转速度的快慢，是衡量企业营运能力的重要指标，也是实现净资产收益率最大化的基础。要提高资产周转率，企业必须提高销售收入，同时降低资产总额的占用。企业的总资产由流动资产和长期资产构成，流动资产体现企业的短期偿债能力和变现能力，长期资产体现企业的经营规模和发展潜力。流动资产收益性差、变现能力强，而长期资产收益性强、流动性差，因此，企业应合理安排流动资产与长期资产的结构比例，通过合理的资产配置，努力提高企业的经营绩效。

3. 销售净利率是提高企业净资产收益率的关键

销售净利率反映了企业净利润与销售收入的关系，是衡量盈利能力最重要的指标。企业提高销售净利率的途径有2个：一是扩大销售收入；二是降低成本费用。

4. 权益乘数是提高净资产收益率的保障

权益乘数反映企业的资本结构和财务风险，它主要受资产负债率的影响。资产负债率越高，权益乘数越高，说明企业运用借入资金为企业赚取利润的能力越强，但同时面临的财务风险也越大。因此，企业在负债经营的同时，应考虑自己所能承受的风险，合理运用财务杠杆来提高净资产收益率。

通过杜邦分析法层层而又系统的分析，不仅可以了解企业的财务状况和经营绩效，还可以查明企业各项主要财务指标增减变动的影响因素和存在的问题，为决策者采取进一步的改进措施提供了依据。

（三）杜邦财务分析体系的局限性

杜邦分析法虽然克服了单项财务分析的缺点，将一些主要的财务指标联系起来进行系统的分析，反映了企业整体的财务状况和经营绩效，但它也存在一些局限性，主要表现在以下几个方面：

1. 计算资产净利率的"总资产"和"净利润"不匹配

总资产是由所有股东和债权人共同提供的，而净利润只属于股东，两者不匹配。由于总资产净利率的"投入与产出"不匹配，该指标不能反映实际的回报率。为了改善该比率的配比，需要重新调整其分子与分母。为企业提供资产的人包括股东、有息负债的债权人、无息负债的债权人（不要求分享收益）。因此，需要计算股东和有息负债的债权人投入的资本，并计算这些资本产生的收益，两者相除才是合乎逻辑的资产报酬率，才能准确反映企业资本的回报率。

2. 没有区分经营活动损益和金融活动损益

对大多数企业来说，金融活动是净筹资，它们在金融市场上主要是筹资而不是投资。筹资活动没有产生利润，而是支出净费用。这种筹资费用是属于经营活动的费用，还是金融活动的费用，各国的会计处理不尽相同。从财务管理的角度看，企业的金融资产是投资活动的剩余，是尚未投入实际经营活动的资产，应将其从经营资产中剔除。与此相适应，金融费用也应从金融收益中剔除，才能使经营资产和经营收益相匹配。

3. 没有区分有息负债与无息负债

既然把金融活动单独分离出来考察，就会涉及单独计量筹资活动的成本。负债包括有息负债和无息负债，而利息支出仅仅是有息负债的成本。因此，必须区分有息负债和无息负债，利息与有息负债相除，才是实际的利息率，并且，只有有息负债的利息与股东权益相除，才能得到更符合实际的财务杠杆。无息负债本身没有杠杆作用，将其计入财务杠杆中会歪曲财务杠杆的实际作用。

（四）改进的杜邦财务分析体系

1. 改进的杜邦分析体系主要概念

为了弥补传统杜邦财务分析体系的不足，改进杜邦财务分析体系，就需要将资产、负债和收益进行重分类，分为经营性资产和金融性资产。

2. 改进的杜邦分析体系的核心公式

$$净资产收益率 = 经营利润/股东权益$$

$$= \frac{税后经营净利润 - 税后净利息费用}{股东权益}$$

$$= \frac{税后经营净利润}{净经营资产} \times \frac{净经营资产}{股东权益} - \frac{税后净利息费用}{净负债} \times \frac{净负债}{股东权益}$$

$$= \frac{税后经营净利润}{净经营资产} \times \left(1 + \frac{净负债}{股东权益}\right) - \frac{税后净利息费用}{净负债} \times \frac{净负债}{股东权益}$$

= 净经营资产利润率 + （净经营资产利润率 - 税后利息率）× 净财务杠杆　　（3-1）

净经营资产利润率是衡量企业配置经营性资产以及生产经营利润的能力。如果企业完全是股权融资，那么净经营资产收益率就等于企业的净资产收益率。税后利息率反映企业融资活动的净成本，净经营资产利润率与税后利息率的差称为经营差异率，是企业利用债务融资所增加的经济效应，是衡量企业是否再进行负债筹资经营的标准线。只要经营资产收益大于借款的成本，那么借款的经济效益就是正数。如企业经营资产收益不足以支付利息成本，那么净资产收益率会因为借款而降低。正的和负的经营效应都会被放大，放大的程度取决于借款与权益的比率。净负债与权益的比率称为净财务杠杆，而经营差异率与净财务杠杆的乘积称为杠杆贡献率，用来衡量企业负债经营为股东带来的净超额报酬率。

改进的杜邦分析更适用于股东回报分析。真实反映企业盈利能力的是总资产收益率，是企业利用可控制或可支配的资源进行资产增值的能力。如果企业财务杠杆非常高，而总资产收益率一般，反映的股东回报率仍然会很高，不过，这种高的回报率是建立在高风险之上的。因此，在进行杜邦分析时应注意净财务杠杆的大小，考虑企业的偿债能力。

3. 净资产收益率的驱动因素分解

从改进的杜邦分析体系的核心公式中可以看出，净资产收益率的驱动因素包括净经营资产利润率、净利息率和净财务杠杆。

第二节 沃尔评分法与财务分析报告撰写

一、沃尔评分法

(一) 沃尔评分法的含义

在进行财务分析时,将企业分析期的实际财务比率与其历史水平或预测指标进行比较,只能看出本企业自身的变化,而对于该分析期的实际指标是偏高还是偏低无法做出判断,即无法评价企业在其市场竞争中的优劣地位。为了弥补这一缺陷,美国财务学家亚历山大·沃尔(Alexander Wall)提出了信用能力指数概念。他把7个财务比率,即流动比率、产权比率、固定资产比率、存货周转率、应收账款周转率、固定资产周转率和自有资金周转率,用线性关系结合起来,然后分别给定各指标的比重,通过与标准比率进行比较,评出各项指标的得分及总体指标的总评分,以此对企业的财务状况信用水平做出评价,这一方法简称沃尔评分法。

沃尔评分法从其产生至发展到现在,人们在应用它对企业进行财务综合分析时,所选择的财务指标在不断变化,各个指标的权重不断修正,各个比率的标准值不断调整,评分方法也在不断改进。

(二) 沃尔评分法的优缺点

1. 沃尔评分法的优点

第一,沃尔评分法通过将各项指标与行业的平均值进行比较分析,能够反映企业在行业中的地位。

第二,沃尔评分法的评价指标体系较为完整,基本上能够反映企业的财务状况,能够较好地反映企业的盈利能力、偿债能力和营运能力。

第三,通过对财务指标实际值与标准值的对比分析,便于找出影响企业财务状况的主要因素,为企业改善财务状况提供了方向。

2. 沃尔评分法的缺陷

尽管沃尔评分法为综合评价企业的财务状况提供了一个较好的思路,但从理论上来说,它仍然存在一定的缺陷。

第一，它未能揭示为什么选择这 7 项指标，而不是其他的指标或者更多或更少的指标。

第二，它未能证明每个指标所占比重的合理性以及比率的标准值如何确定。

第三，当某一个指标严重异常时，会对总评分产生不合乎逻辑的影响。

3. 沃尔评分法的基本步骤

尽管沃尔评分法存在着一定的缺陷，但它在实践中仍被广泛应用，其基本步骤如下：

(1) 选择财务比率

分析者在选择财务比率时应注意把握以下几点原则：一是所选择的比率要全面，反映企业偿债能力、盈利能力、营运能力、发展能力等比率都应包括在内，只有这样才能反映企业的综合财务状况；二是所选择的比率要具有代表性，即在某个方面的众多财务比率中选择那些典型的、重要的比率；三是所选择的比率最好具有变化方向的一致性，即当财务比率增大时，表示财务状况的改善，当财务比率减少时，表示财务状况的恶化。

(2) 确定各个财务比率的比重

分析者应结合企业的经营状况、管理要求、发展趋势、分析目的等，判断各个财务比率对于企业的重要程度。重要的财务比率应分配较高的比重，而次要的比率应分配较低的比重。各个财务比率所分配的比重加总应等于 100。

(3) 确定各个财务比率的标准值

标准值是进行比较的基础，可以选择企业的历史水平、竞争企业的水平，也可以是同行业的平均水平。较为常见的是，选择同行业的平均水平作为财务比率的标准值。

(4) 计算各个财务比率的实际值

以初始的沃尔评分法为例，其 7 项财务比率的计算公式如下：

$$流动比率 = 流动资产 / 流动负债 \qquad (3-2)$$

$$产权比率 = 净资产 / 负债 \qquad (3-3)$$

$$固定资产比率 = 固定资产 / 资产 \qquad (3-4)$$

$$存货周转率 = 销售成本 / 存货 \qquad (3-5)$$

$$应收账款周转率 = 销售额 / 应收账款 \qquad (3-6)$$

$$固定资产周转率 = 销售额 / 固定资产 \qquad (3-7)$$

$$自有资金周转率 = 销售额 / 净资产 \qquad (3-8)$$

(5) 计算各个财务比率的得分

通过各个财务比率实际值与标准值的比较，得出各个财务比率状况好坏的判断，再结合各个比率的比重，计算各个财务比率的得分，计算公式为：

单个财务比率的得分=实际比率/标准比率×比重　　　　　　　　　(3-9)

（6）计算综合得分并形成评价结果

将上述各个财务比率的实际得分加总，即得到企业的综合得分。企业的综合得分如果接近100，说明企业的综合财务状况接近于行业的平均水平；企业的综合得分如果明显超过100，则说明企业的综合财务状况优于行业的平均水平；企业的综合得分如果远远低于100，则说明企业的综合财务状况较差，应积极采取措施加以改善。

四、财务分析报告撰写

企业财务分析报告，是对企业经营状况、资金运作的综合概括和高度反映。一篇好的财务分析报告，既反映该企业的经营管理状况及水平，也为管理者的经营决策提供真实、全面的决策依据。然而，要撰写一份高质量的财务分析报告并非易事，须从以下几个方面着手。

（一）积累素材，为撰写报告做好准备

1. 建立台账和数据库

我们知道，通过会计核算形成了会计凭证、会计账簿和会计报表。但编写财务分析报告仅靠这些凭证、账簿、报表的数据往往是不够的。例如，在分析经营费用与营业收入的比率增长原因时，往往需要分析不同项目、不同产品、不同责任人实现的收入与费用的关系，但有些数据不能从报表和账簿中直接得到。这就要求分析人员平时就做大量的数据统计工作，对分析项目按性质、用途、类别、区域、责任人，按月度、季度、年度进行统计，建立台账，以便在撰写财务分析报告时有据可查。

2. 关注重要事项

财务人员对经营运行、财务状况中的重大变动事项要勤于做笔录，记载事项发生的时间、计划、预算、责任人及发生变化的各影响因素。必要时马上做出分析判断，并将各类各部门的文件分类归档。

3. 关注经营运行情况

财务人员应尽可能地争取相关领导的支持，各级领导也应该多给财务人员深入施工生产一线的机会，多让他们参加相关会议，使财务人员能了解施工生产、质量、市场、行政、投资、融资等各类情况。深入一线和参加各种会议，了解各种情况，听取各方面意见，有利于财务分析和评价。

4. 定期收集报表

财务人员除收集会计核算方面的数据之外,还应要求公司各相关部门(包括施工生产、物资供应、招投标、劳动工资、设备动力等部门)及时提交可利用的其他报表,对这些报表要认真审阅,总结归纳,及时发现问题,养成多思考、多研究的习惯。

(二) 合理确定财务分析的内容和范围

报告分析的内容和范围要根据报告阅读对象来确定,如对于有丰富财务会计专业知识的阅读者,提供的分析报告可以使用专业术语,叙述可以简练一点,而对财务专业知识比较陌生的阅读者,提供的分析报告尽量叙述得详细一点、易懂一些。对于提供给不同层次阅读对象的分析报告,分析人员在写作时,要准确把握好报告的框架结构和分析层次,以满足不同阅读者的需要。此外,财务分析报告应集中抓住几个重点问题进行分析,使读者感到新颖、简练、有力度。

(三) 明确财务分析的重点

明确财务报告分析的重点要依据阅读者对信息的需求来确定。写好财务分析报告的前提是财务分析人员要尽可能地多与领导沟通,捕获管理者和使用者真正要了解的信息。

(四) 财务分析报告写作的内容

财务分析报告主要包括以下5个部分的内容:

1. 即概括公司综合情况,让财务报告接受者对财务分析说明有一个总括的认识。

2. 对公司各项财务指标完成情况的说明(也是对运营及财务现状的介绍)。该部分要求文字表述恰当、数据引用准确。对经济指标进行说明时可适当运用绝对数、比较数及复合指标数。特别要关注公司当前运作的重心,对重要事项要单独反映。公司在不同阶段、不同月份的工作重点有所不同,所需要的财务分析重点也不同,如工业企业正进行的新产品的投产、市场开发;施工企业重点项目的攻关阶段则需要对其成本、货款回收、利润等主要指标进行重点分析说明。

3. 对公司的经营情况进行分析研究。在说明问题的同时还要分析问题,寻找问题的原因和症结,以达到解决问题的目的。

财务分析的主要内容有:

第一,财务报表分析:包括资产负债表、利润表、现金流量表和所有者权益变动表相关主要数据分析,分析企业的财务状况、经营成果、现金流量情况。

第二，财务能力分析：包括企业盈利能力分析、营运能力分析、偿债能力分析和发展能力分析，分析企业各项财务能力的变动及其影响因素。

财务分析注重比较，只有通过比较，才能评价指标数值的优劣情况。财务人员应综合结合各类分析方法，才能使分析结论更可靠、更有说服力。此外，分析要有理有据，要细化分解各项指标，因为有些报表的数据是比较含糊和笼统的，要善于运用表格、图示，突出表达分析的内容。分析问题一定要善于抓住当前要点，多反映公司经营焦点和易于忽视的问题。

4. 做出财务说明和分析后，对于经营情况、财务状况、盈利业绩，应从财务角度给予公正、客观的评价和预测。财务评价不能运用似是而非、可进可退、左右摇摆等不负责任的语言，评价要从正面和负面两方面进行，评价既可以单独分段进行，也可以将评价内容穿插在说明部分和分析部分。

5. 因为撰写财务分析报告的根本目的不仅仅是停留在反映问题、揭示问题上，而是要通过对问题的深入分析，提出合理可行的解决办法，所以财务分析报告中提出的建议不能太抽象，而要具体化，最好有一套切实可行的方案，真正起到"财务参谋"的作用。

（五）财务分析报告写作时应注意的几个问题

1. 财务分析报告应结合公司经营业务

财务分析人员应深刻领会财务数据背后的业务背景，切实揭示业务过程中存在的问题。财务人员在做分析报告时，由于不了解业务，往往闭门造车，并由此陷入"就数据论数据"的被动局面，得出来的分析结论也就常常令人摸不着头脑。因此，有必要强调的是：各种财务数据并不仅仅是通常意义上数字的简单拼凑和加总，每一个财务数据背后都预示着非常具体的资金的增减、费用的发生、负债的偿还等。财务分析人员应凭借对财务数据的职业敏感性，判断经济业务发生的合理性、合规性，由此写出来的分析报告也就能真正为业务部门提供有用的决策信息。如果分析报告"就数字论数字"，报告的重要性质量特征就会受挫，对决策的有用性自然就难以谈起。

2. 财务分析报告应结合宏观经济环境

财务人员在平时的工作当中，应多一点了解国内外宏观经济环境尤其是尽可能捕捉、搜集同行业竞争对手资料。因为，公司最终面对的是复杂多变的市场，在这个大市场里，任何宏观经济环境的变化或行业竞争对手政策的改变都会或多或少地影响公司的竞争力，甚至决定着公司的命运。

3. 财务分析报告中不宜轻易下结论

财务分析人员在报告中的所有结论性词语对报告阅读者的影响都相当大，如果财务人员在分析中草率地下结论，很可能造成误导。此外，分析报告的行文要尽可能流畅、通顺、简明、精练，避免口语化、长而不实。

第三节 财务预警分析

一、财务预警分析

在市场经济环境下，企业自成立之日起就在"自担风险，自负盈亏"的前提下经受着"优胜劣汰，适者生存"的考验，在其生存和发展的过程中，风险无处不在。当企业面对风险时茫然不知，任其发展，风险积累到一定程度，就会形成财务危机。严重的财务危机会影响到企业的正常运转，甚至导致企业破产。而企业由财务正常发展到财务危机是一个渐进的过程，也就是说财务危机是可以预测的。进行财务预警分析，建立企业财务预警模型已成为现代企业财务管理的重要内容之一。上市公司的财务信息对多方利益相关者都有着重要影响，因而建立财务预警系统对于强化财务管理、避免财务失败和破产具有重要意义。

（一）财务预警分析的含义

财务预警分析，又称为财务危机预警、财务失败预警，是指借助企业提供的财务报表、经营计划及其他相关会计资料，利用财会、统计、企业管理等理论，采用一定的方法，对企业的经营活动、财务活动等进行分析预测，以发现企业在经营管理活动中存在的经营风险和财务风险，并将这些风险告知企业的管理当局和其他利益关系人，分析发生财务危机的原因和企业经营管理过程中存在的问题，为避免潜在的风险演变成事实损失，而提早着手实施预控的过程。

企业应当建立财务预警机制，自行确定财务危机警戒标准，重点监测经营性净现金流量与到期债务、企业资产与负债的适配性，及时沟通企业有关财务危机预警的信息，提出解决财务危机的措施和方案。

（二）财务预警的功能

一个有效的财务预警系统具有以下五大功能：

1. 信息收集

通过收集政治、经济、政策、科技、金融、各种市场状况、竞争对手、供求信息、消费者等与企业发展有关的信息，集中精力分析处理那些对企业经营和发展有重大或潜在重大影响的外部环境信息，同时结合企业自身的各类财务和生产经营状况信息，进行分析比较。

2. 预知潜在的财务危机

经过对大量信息的分析，获得财务危机的先兆信息。当出现可能危害企业财务状况的关键因素时，财务预警系统能预先发出警告，提醒经营者早做准备或采取对策以减少其给企业带来的损失。

3. 控制发生的财务危机

当企业出现财务危机时应做到两点：一方，面财务预警系统密切跟踪危机的进展；另一方面，迅速寻找导致财务状况恶化的原因，使经营者有的放矢、对症下药，制定有效的措施，阻止财务状况的进一步恶化。

4. 提供对策

当企业出现财务危机时，能够提供有效的、便于操作的处理财务危机的基本对策和方法，起到辅助决策的作用。

（三）财务预警分析的意义

1. 有利于对管理层起到警示作用，使企业及时应对财务危机，避免破产

财务危机分析人员通过建立财务预警机制，可以为公司进行财务预警，及时发现潜伏的危机，协助管理层寻找导致财务状况恶化的原因，制定恰当的应对策略，从而有针对性地改善经营管理，使公司及时走出财务危机，避免破产。

2. 为投资人和债权人预警，使其做出正确的经济决策

当企业实现盈利时，股东可以分享企业的利润，获得较高的投资回报率，但是，在谋求高回报的同时，股东也承担了较高的风险，主要表现在当企业资不抵债而破产清算时，其对企业剩余资产的求偿权是位于最后的，这时，股东的投资往往会化为乌有。因此，对于股东而言，及时发现和预测企业的财务危机显得尤为重要。有效的财务危机预警能够帮助投资者通过对企业财务信息及资料的分析，预测企业未来的财务状况，洞察其真实价值和经营发展的前景，提高投资决策的警惕性和科学性，使投资者能够将有限的资本投资于未来价值高的企业，并能够在被投资企业初露财务危机端倪时就及时进行处理，防止或减少投资损失。

对于债权人而言，一旦被投资企业陷入财务危机或破产清算，其面临着本金与利息不

能得到及时全额受偿的风险。财务预警有助于债权人及时准确地预测企业的财务危机，控制信贷风险，在企业陷入财务危机前改变偿债条件，减少无法收回本息的损失。

3. 有利于政府机构做出合理的优化资源配置的政策

企业财务危机预警能够帮助政府有效评价企业的经营业绩，全面预测企业的发展前景，从而做出优化资源配置的决策。另外，在企业陷入财务危机前，政府可以提前协调各方面的关系，减少企业的失败概率，从而减少企业成本的支出和因工人失业造成的社会动荡。

（四）财务预警分析方法

在丰富的财务预警分析实践中，实务工作者和学者们根据经验与大量的实证研究，总结出了许多成熟的财务预警分析方法。这里，主要对定性财务预警分析方法与定量财务预警分析方法进行介绍。

1. 定性财务预警分析方法

已有的并被研究学者广为接受的定性财务预警分析方法主要包括标准化调查法、四阶段症状分析法、三个月资金周转表分析法、流程图分析法、管理评分法。

（1）标准化调查法

该方法又称为风险分析调查法，是企业聘请专业人员或调查公司，根据企业的内外环境，对企业过去和现状、变化发展过程及可能遇到的困难设计标准化的问题，通过企业对这些问题的回答形成对警情的预测，最终形成报告文件供企业管理当局参考。调查的问题一般包括企业业绩、同行业比较、企业财务经营问题及原因、企业前景等。标准化调查法的特点是简单易懂、操作性强，在调查的过程中所提出的问题对所有企业都适用，较少对特定企业的特定问题进行调查分析。其缺点是缺少针对特定企业设计的问题，没有对其中的问题进行具体解释，也不引导使用者对所问问题之外的相关信息做出正确判断。

（2）四阶段症状分析法

四阶段症状分析法将企业财务运营状况大体分为4个阶段，即财务危机潜伏期、财务危机发作期、财务危机恶化期、财务危机实现期。企业可以根据上述各个阶段的特征，对照企业的实际情况，如有相应不良情况出现，应该查明原因，采取相应措施，使企业尽快摆脱财务困境。四阶段症状分析法的优点是使用简单，易于实施；缺点是实际工作中很难将这4个阶段做截然的划分，特别是财务危机的表现症状，它们可能在各个阶段都有相似或互有关联的表现。

（3）三个月资金周转表分析法

三个月资金周转表法是进行短期财务预警的重要方法之一，其通过对企业三个月资金周转表以及结转额占收入比例的分析,来判断企业的财务状况。其判断标准是:若企业制定不出三个月资金周转表,则说明企业财务状况已经恶化,发生了财务危机;若制定了三个月资金周转表,再查明转入下个月的结转额是否占总收入的20%以上,付款票据的总额是否在销售额的60%以下(商业企业)或40%以下(制造企业),如果回答为"否",则说明企业发生了财务危机。这种方法的思路是:当企业销售额逐月上升时,兑现付款票据极其容易;如果企业销售额逐月下降,已经开出的付款票据就难以支付。经济繁荣与否与资金周转关系甚为密切,经济从萧条走向繁荣时资金周转渐趋灵活,然而,从经济繁荣转向萧条,尤其是进入萧条期后企业的计划往往被打乱。销售额和赊销额的回收都不能按计划进行,但各种经费往往超过原计划,所以如果不制定详细的计划表,资金的周转令人担忧。这种方法简单易懂、实施方便,只是判断标准不够科学,目前还存有争议。

(4)流程图法

流程图法是一种通过对企业动态流程图的分析,识别其生产和财务的关键点,以防范风险的分析方法。在企业生产经营流程中,必然存在着一些关键点,如果在关键点上出现问题,会导致企业全部经营活动终止或资金运转终止。构建企业的流程图就可以找出关键点,对潜在风险进行判断和分析,防范企业风险。

采用这种方法的步骤是:首先,根据企业的实际情况,构建流程图,以展示企业的全部经营活动;其次,对流程图的每一阶段、每一环节、每种资产和每一具体经营活动逐项进行调查分析,并对照风险清单,确定企业可能面临的风险。在分析过程中,除了分析某一阶段由于资金运动不畅导致的风险,还应把整个资金运动的过程结合起来考察,从整体上识别企业面临的各种风险。

这种方法是一种动态的分析方法,能揭露企业潜在的风险,对识别企业生产经营和财务活动的关键点特别有用。但其也有固有的局限性,它建立在过程分析的基础上,是一种防范手段,应与识别损失的其他方法同时使用,且要求绘图人员应具有较高的水平,对企业的具体情况有较深的了解。

(5)管理评分法

管理评分法又称为A记分法,是由美国学者约翰·阿吉蒂最先使用的,他调查了企业的管理特性及可能导致破产的企业缺陷,对几种缺陷、错误和征兆进行对比打分,并根据这些项目对破产过程产生影响的程度对它们进行了加权处理。总分是100分,企业所得分数越高,处境越差。

对各因素进行打分,然后将各分值加总,再根据总分判断企业是否处于财务危机。打分时应注意:对某项因素要么打零分,要么打满分,不能打折扣分。比如,企业管理技能全面,打0分,管理技能不全面,打2分,而不能给其他的分值。然后,按各因素得分加总进行合计。一般而言，如果得分在18分以下，表明企业处于安全状态；如果得分在18~25分，说明企业处于不确定状态，有失败的可能性；如果得分总分超过25分，表明企业处于高风险状态，陷入困境的可能性很大。该方法简单易行，但要求使用者对企业有全面深入的了解，才能对企业的管理进行正确的打分，从而做出客观的评价。

定性研究方法简单易行，有利于发现企业陷入财务危机的深层次原因，有利于对企业财务状况的细微之处进行把握。但是，定性研究方法实施成功与否及研究质量，在很大程度上取决于研究者个人的专业素质和研究经验，而且分析过程中灵活性与主观性很大，对研究者本身要求很高。

（二）定量财务预警分析方法

1. 单变量判定模型

单变量模型又称一元判定模型，是指使用单一财务变量对企业财务危机进行预测的模型，利用单变量分析法对企业的财务困境进行预测，用大量失败企业和成功企业的19家企业作为样本，运用单个财务指标进行预测，得出净利润/股东权益、股东权益/负债这2项财务指标判别能力最高。运用统计方法研究公司财务失败问题，提出较为成熟的单变量判定模型，选取资产规模相近的79家经营失败和79家经营成功的企业进行对比研究，使用30个财务比率进行分析，最终得出可以有效预测财务失败的比率依次为：

（1）债务保障率＝现金流量/债务总额

（2）资产负债率＝负债总额/资产总额

（3）资产收益率＝净收益/资产总额

（4）资产安全率＝资产变现率–资产负债率

（5）资产变现率＝资产变现金额/资产账面价值

比弗认为债务保障率能最好地判定企业的财务状况，其次是资产负债率，且离失败日越近，误判率越低。但各比率判断准确率在不同情况下有所差异，所以实际中往往使用一组财务比率，而不是一个比率，以取得良好的预测效果。

运用单变量判别模型最为关键的一点就是要寻找判别阀值。通常需要将样本分成两组：一组是构建预测模型的预测样本，也称为估计样本；另一组是测试预测模型的测试样本，又称有效样本。首先，将预测样本（包括危机企业和正常企业）按照某一选定的财务比率进行排序，选择判别圆值点，使得两组的误判率达到最小；其次，将选定的阀值作为判别规则，对测试样本进行测试。

单变量判定模型简单易懂、使用方便，但总体判别精度不高，具有以下局限性：

(1) 仅用一个财务指标不可能充分反映企业的财务特征；(2) 如果使用多个指标分别进行判断，这几个指标的判定结果之间可能会产生矛盾，不同的分析者可能会得出不同的结论。鉴于此，上市公司财务预警的评析不能局限于对单变量模型进行分析，而要与多变量模型相结合。

2. 多变量判定模型

多变量模型即多元线性判定模型，是指使用多个财务指标加权汇总产生的判别值来预测财务危机可能性的模型。其将相互联系的多个财务指标有机结合，建立一个多元线性函数模型来综合反映企业财务风险情况，以消除个别指标在评价企业财务状况方面存在的缺陷。

(1) Z 计分模型

纽约大学教授奥尔特曼（Altman）认为，企业是一个综合体，各个财务指标之间存在某种相互联系，各个财务指标对企业整体风险的影响和作用也是不一样的。他把传统的财务比率和多元判别分析方法结合在一起，发展了一种企业财务危机预警模型，即 Z 计分模型。

Z 计分模型的变量是从资产流动性、获利能力、偿债能力和营运能力等指标中各选择一两个最具代表性的指标，模型中的系数则是根据统计结果得到的各指标相对重要性的量度。实证表明，该模型对企业财务危机有很好的预警功能。但其预测效果也因时间的长短而不一样，预测期越短，预测能力越强，因此该模型较适合企业短期风险的判断。

通过统计分析，奥尔特曼认为 Z 值应在 1.81~2.99 之间，等于 2.675 时居中。如果企业的 Z 值大于 2.675，表明企业的财务状况良好；如果 Z 值小于 1.81，则企业存在很大的破产风险；如果 Z 值处于 1.81~2.675 之间，称为"灰色地带"，处在这个区间，企业财务状况极不稳定。

Z 计分模型是一种比较成熟的财务危机预警方法，从总体角度给企业一个定量标准，以检查企业的财务状况，有利于不同时期的比较。另外，该模型简单明了、易于理解，在财务危机和破产方面得到广泛的运用。但是，由于企业规模、行业、地域等诸多差异，使得 Z 值并不具有横向可比性，且仅适用于已上市的公司。

(2) ZETA 模型

Z 计分模型在企业破产前超过 3 年的预测正确率大大降低，而且随着时间的推移，经济环境也将出现重大变化，特别是进入 20 世纪 70 年代以后，企业财务危机的平均规模急剧增大，原有的 Z 计分模型已无法解释当时的企业财务危机现象。于是，奥尔特曼等人又提出了一种能更准确地预测企业财务危机的新模型—ZETA 模型。在该模型中，奥尔特曼等人利用27个初始财务比率进行区别分析，最后选取了7个解释变量，即资产报酬率（息税前利润/总资产）、盈余稳定性（息税前利润，总资产的10年标准误差）、利息保障倍数（息税前利润/利息支出总额）、累计盈余（留存收益/总资产）、流动性（流动比率）、资本比率（5年普通股平均市值/总资本）和资本规模（普通股权益/总资产）。该模型预测正确率在破产前1年高达91%，前4年可达80%，即使前5年亦可达70%，预测精度高于Z计分模型。

ZETA模型在Z计分模型基础上进行了改进，目前已受到学者们普遍认可，并被财务管理人员广泛运用。该模型的不足之处是选择比率没有理论可依，选择同一行业中相匹配的危机公司和正常公司较为困难，而且观察的总是历史事件。

（3）F分数模型

由于Z计分模型在建立时并没有充分考虑到现金流量的变动等方面的情况，因而具有一定的局限性。为此，对Z计分模型加以改造，并建立了企业财务危机预测的新模型——F分数模式。F分数模式的主要特点是：

一是F分数模型中加入了现金流量这一预测自变量。许多专家证实现金流量比率是预测公司破产的有效变量，因而弥补了Z计分模型的不足。

二是考虑了现代化公司财务状况的发展及其有关标准的更新，公司相应财务比率标准已发生了许多变化，特别是现金管理技术的应用，已使公司所应维持的必要的流动比率大为降低。

F分数模式与Z计分模型中各比率的区别就在于其X3、X5与Z计分模型中X3、X5不同。X3是一个现金流量变量，它是衡量企业所产生的全部现金流量可用于偿还企业债务能力的重要指标。

一般来讲，企业提取的折旧费用，也是企业创造的现金流入，必要时可将这部分资金用来偿还债务。X5测定的是企业总资产在创造现金流量方面的能力。相对于Z计分模型，它可以更准确地预测企业是否存在财务危机。F分数模式的F分数临界点为0.0274，若某一特定的F分数低于0.0274，表明企业有可能在不久的将来发生财务危机，被预测为破产公司；反之，若F分数高于0.0274，表明企业财务状况正常，公司被预测为继续生存公司。若F分数模型的数值在其临界点上下，称为不确定区域，在此区域内有可能把财务危机公司预测为继续生存公司，而将继续生存公司预测为财务危机公司，则须做进一步研究分析。

多变量模型计算简便、准确率高，它能包括反映企业财务状况的多项指标，也能包括独立变量。但是，该类模型也存在一些缺点：①工作量比较大；②在前一年的预测中，多变量模型的预测精度比较高，但是在前两年、前三年的预测中，其预测精度会大幅下降，甚至低于单变量模型；③多变量模型有一个很严格的假设，即假定自变量呈正态分布，两组样本要求等协方差，而现实中的样本往往并不能满足这一要求，这就大大限制了多变量模型的使用范围。

第四章 会计信息化理论综述

第一节 企业信息化与会计信息化

一、企业信息化的内涵与实现

（一）企业信息化的内涵

1. 企业信息化的概念

企业信息化是指以开发和利用企业内外部信息资源为出发点，利用现代信息技术以提高效率和效益、增强企业竞争力、实现企业现代化管理的过程。

2. 企业信息化的覆盖范围

企业的主要任务是产品的设计、生产、营销以及伴随发生的管理活动，因此企业信息化必须覆盖业务信息化与管理信息化2个方面。其具体包括以下内容：

（1）产品设计信息化

通过采用计算机辅助设计或仿真模拟技术加快产品的研发，实现设计自动化，缩短产品设计周期，降低产品设计成本。

（2）生产过程信息化

通过电子信息和自动控制技术对生产过程中的制造、测量和控制实现自动化。为此，企业需要采用计算机辅助制造（CAM）技术以及其他自动控制技术控制生产过程，以减轻人们的劳动强度，提高产品的质量。

（3）管理信息化

管理信息化即实现计划、财务、人事、物资、办公等方面的管理自动化。为此，企业方面要建立管理信息系统（MIS）、决策支持系统、专家系统以及办公自动化系统。近年来成为热门话题的企业资源计划、供应链管理、客户关系管理基本上都属于MIS的范畴。

(4) 商务营运信息化

商务营运信息化即基于 Internet 实施全过程的电子商务，包括广告浏览、市场调查、谈判、网上订货、电子支付、货物配送、售后服务等全程信息化。

(二) 企业信息化的实现

企业信息化的实现是一个过程，需要做好总体规划，明确目标，按效益驱动的原则分期实施。其具体工作包括以下内容：

(1) 开发信息资源

要规范企业各类数据，按集成的需求分类编码，建立相应的数据库。同时，还要制定信息资源开发的有关规章制度。

(2) 建设企业信息化的基础设施

如建设数据采集设备、生产过程控制系统、用于辅助设计及管理的计算机系统以及通信网络系统。

(3) 开发信息系统

如支持制造的控制系统、辅助设计系统以及管理信息系统。为此，必须调整组织机构和重组业务流程，以支持这些信息系统的集成。

(4) 对企业各级人员进行培训

使他们了解信息化的基础知识，学习信息技术，并应用到自己的业务活动中。同时，企业领导也要接受培训。

二、会计信息化

(一) 会计信息化的含义

会计信息化是指将会计信息作为管理信息资源，全面运用信息技术获取会计信息，并进行加工、传输、应用等处理，建立信息技术与会计高度融合的、开放的现代会计信息系统，为企业经营管理、控制决策提供充足、实时、全方位的信息。会计信息化是信息社会的产物，是未来会计的发展方向。会计信息化不仅将先进的信息技术引入会计学科，与传统的会计工作相融合，它还包含更深的内容，如会计基本理论信息化、会计实务信息化、会计教育信息化、会计管理信息化等。

(二) 会计信息化的内容

1. 会计核算信息化

会计核算信息化按信息载体不同可分为会计凭证、会计账簿和会计报表3个子系统。

会计核算信息化是会计信息化的第一个阶段，主要内容包括：建立会计科目信息化、填制会计凭证信息化、登记会计账簿信息化、成本计算信息化、编制会计报表信息化等。

(1) 建立会计科目信息化

建立会计科目信息化是通过系统初始化功能实现的，除了输入总分类和明细分类会计科目名称和编码外，还要输入会计核算所必需的期初及有关资料，包括年初数、累计发生额、往来款项、工资、固定资产、存货、成本费用、营业收入核算必需的期初数字，计算有关指标需要的各种比例。选择会计核算方法，包括记账方法、固定资产折旧方法、存货计价方法、成本核算方法等。定义自动转账凭证。输入操作人员岗位分工情况，包括操作人员姓名、操作权限、操作密码等。

(2) 填制会计凭证信息化

会计凭证包括原始凭证和记账凭证。这些凭证在各个会计核算软件中是不同的。记账凭证是根据审核无误的原始凭证登记的，有的会计核算软件要求会计人员手工填制好记账凭证，再由操作人员输入计算机。有的会计核算软件要求会计人员根据原始凭证，直接在计算机屏幕上填制记账凭证；有的会计核算软件要求会计人员直接将原始凭证输入计算机，由计算机根据输入的原始凭证数据自动编制记账凭证。前两种方法比较接近，其区别在于一个是输入已经手工写好的记账凭证，另一个是边输入边做记账凭证，但都是把所有记账凭证输入计算机。而后一种方法与前两种有很大的差别，它增加了会计信息化的深度，提高了会计信息化的水平。

(3) 登记会计账簿信息化

会计信息化后，登记会计账簿一般分2个步骤进行，首先是计算机根据会计凭证自动登记机内账簿，然后是把机内账簿打印输出。考虑到信息化的要求，对信息化条件下登记账簿提出了规范，改变了过去设计会计制度时主要考虑手工操作的做法。

(4) 成本计算信息化

根据账簿记录，对企业经营过程中发生的采购费用、生产费用、销售费用进行成本计算，是会计核算的一项重要任务。在会计软件中，成本计算是由计算机根据机内上述费用，按照会计制度规定的方法自动进行的。许多通用会计软件提供了多种成本计算方法供用户选用；定点开发会计软件的成本计算方法则相对少一些。

(5) 编制会计报表信息化

编制会计报表工作在通用会计软件中都是由计算机自动进行的,一般都有一个用户可自行定义报表的生成功能模块,它可以定义报表的格式和数据来源等内容,这样无论报表如何变化都可以适应。但是在各种会计软件中,这个功能模块的开发水平有很大的差别,有的灵活性比较强,有的则比较差。会计报表之间,会计报表各项目之间,凡有对应关系的数字,应该相互一致。本期会计报表与上期会计报表之间有关的数字应当相互衔接。多数会计报表软件都具备按照这一规定自动进行核对的功能。

2. 会计管理信息化

会计管理信息化系统按会计管理的内容不同可以分为资金管理、成本管理和利润管理3个子系统。

会计管理信息化的主要表现为:①会计管理信息化不仅支持作业层和管理层的结构化和半结构化决策,而且对决策层的计划工作也是有用的;②会计管理信息化一般是面向报告和控制的;③会计管理信息化依赖于企业现有的数据和数据流;④会计管理信息化一般用过去和当前的数据辅助决策;⑤会计管理信息化是针对内部的而不是外部的;⑥会计管理信息化的信息需求是已知和稳定的。

会计管理信息化是在会计核算信息化的基础上,利用会计核算提供的数据和其他有关数据,借助计算机会计管理软件提供的功能和信息,帮助会计人员筹措和运用资金,节约生产成本和经费开支,提高经济效益。会计管理信息化主要有以下任务:①进行会计预测;②编制财务计划;③进行会计控制。

3. 会计决策支持信息化

会计决策支持信息化是会计信息化的最高阶段,在这个阶段,一般由会计辅助决策支持软件来完成决策工作。该软件根据会计预测的结果,对产品销售、定价、生产、成本、资金和企业经营方向等内容进行决策,并输出决策结果。其主要包括经营活动决策模型及其应用、投资活动决策模型及其应用、筹资活动决策模型及其应用。会计决策支持系统与会计信息系统的其他子系统共同构成了一个完整的会计信息系统,它们相辅相成,分别完成会计核算、会计管理、会计决策支持等相关工作。其中,会计核算信息化是基础,是后2个层次的重要数据来源,会计决策支持信息化是从前2个层次的信息化发展而来的,决策所依据的数据要靠前者来提供。

会计决策支持信息化的特点主要表现为:①会计决策支持信息化具有灵活性、适应性和快速响应性;②会计决策支持信息化让用户设置和控制系统的输入和输出;③会计决策支持信息化基本上不需要专业程序员的帮助;④会计决策支持信息化一般是针对非结构化问题的；⑤会计决策支持信息化需要使用复杂的分析和建模工具。

（三）会计信息化的作用

会计信息化是会计发展史上的一次革命，与手工会计相比，不仅仅是处理工具的变化，在会计数据处理流程、处理方式、内部控制方式及组织机构等方面都与手工处理有许多不同之处，它的产生将对会计理论与实务产生重大影响，对于提高会计核算的质量、促进会计职能转变、提高经济效益和加强国民经济宏观管理，都具有十分重要的作用。

1. 提高工作效率，减轻劳动强度

在手工会计信息系统中，会计数据处理全部或主要是靠人工操作。因此，会计数据处理的效率低、错误多、工作量大。实现会计信息化后，计算机便自动、高速、准确地完成数据的校验、加工、传递、存储、检索和输出工作。这样不仅可以把广大财会工作人员从繁重的记账、算账、报账工作中解脱出来，而且由于计算机的数据处理速度大大快于手工，因而也大大提高了会计工作的效率，使会计信息的提供更加及时。

2. 促进会计工作规范化

目前，我国的会计基础工作尚很薄弱，而较好的会计基础和业务处理规范是实现会计信息化的前提条件。会计信息化的实施，要求会计工作人员熟练掌握会计软件的功能，按照会计软件所确定的流程及要求进行标准化、规范化的操作，从而在客观上促进了手工操作中不规范、易疏漏等问题的解决。因此，会计实现信息化的过程，也是促进会计工作标准化、制度化、规范化的过程。

3. 提高会计人员的素质，促进会计工作职能的转变

会计信息化可以使广大财会人员从繁重的手工核算中解脱出来，减轻劳动强度，使财会人员有更多的时间和精力参与经营管理。会计人员为适应会计职能转变与深化的需要，必须不断提高自身的专业素质，加强对计算机信息处理、网络技术、财务管理等方面知识的学习与掌握，以提高自身素质，应对会计信息化发展的需要。

4. 提升会计信息的全面性、及时性和准确性

在手工操作的情况下，企业会计核算工作无论在信息的系统性、及时性还是准确性方面都难以适应经济管理的需要。实现会计信息化后，大量的会计信息可以得到及时、准确的输出，即可以根据管理的需要，按年、季、月提供丰富的核算信息和分析信息，按日、时、分提供实时的核算信息和分析信息。随着企业内联网Internet的建立，会计信息系统中的数据可以迅速传递到企业的任何管理部门，使企业经营者能及时掌握企业的最新情况和存在的问题，并采取相应的措施。

5. 奠定现代化管理的基础

在现代社会，企业不仅需要提高生产技术水平，而且还需要实现企业管理的现代化，以提高企业经济效益，使企业在竞争中立于不败之地。会计工作是企业管理工作的重要组成部分。据统计，会计信息占企业管理信息的 60%～70%，而且多是综合性的指标。实现会计信息化，就为企业管理手段现代化奠定了坚实的基础，就可以带动或加速企业管理现代化的实现。

第二节 会计信息系统与 IT 平台

一、会计信息系统

(一) 会计信息系统的基本内涵

1. 会计信息系统的定义

会计是一个通过人或计算机对物流、资金流、信息流实施管理的信息系统，其目标是将会计数据转换为会计信息。从远古的结绳记事到今天的计算机记账，会计都是一种信息处理的科学，它所从事的就是数据的采集、存储、加工、传递和信息的提供，为管理者进行预测、计划、控制和决策等管理活动服务，具有信息系统的全部特征，所以人们将会计称为会计信息系统。

会计信息系统可以是手工系统，也可以是以计算机为工具的信息系统。本节关注的是后者，因此本节中会计信息系统一词指的就是计算机会计信息系统。

2. 会计信息系统的基本功能

会计信息系统具有信息系统的共性，即其必须有会计信息处理、会计业务处理、会计组织管理以及辅助决策等功能。其中，会计信息处理也包括数据采集、存储、处理、传输和输出 5 个方面的基本功能。会计数据的采集包括填制或取得原始凭证以及从企业内外取得其他数据。会计数据的处理是指对收集到的会计数据进行分类、汇总、记账、制表等核算处理，以及在此基础上进行的分析、预测、计划与决策。

3. 会计信息系统的特点

尽管理论界曾先后为会计信息系统提出过数据库、事件驱动等会计模型，但目前它仍然基于会计循环和会计恒等式，其数据源仍然是历史的、能以货币计量的数据。其具体特点如下：

（1）遵循世界通用的复式记账原则

会计信息系统遵循复式记账的原则，即有借必有贷、借贷必相等，资产＝负债+所有者权益，利润＝收入−费用。但是技术手段的不同毕竟会带来核算方法的差异，计算机会计系统已经简化了会计循环，消除了手工会计下信息处理的许多技术环节，如平行登记、对账等。

（2）收集会计凭证仍然是会计处理的起点

收集和确认会计凭证仍然是会计核算的起点，而且凭证还是最主要的数据源和最重要的会计档案。但计算机会计所接受的记账凭证除了手工编制部分外，有相当部分是由系统内部自动编制或从系统外部接收的，这就是所谓的电子凭证。电子凭证分为内部和外部两类。其中，内部电子凭证是指企业内部由计算机系统自动生成并通过局域网络传递的凭证，例如其他业务系统自动编制的固定资产增减变动和折旧凭证、工资费用分配凭证、采购和销售的有关票据。外部电子凭证主要包括企业与外部的金融、供销、运输等单位之间发生的网上收付款电子票据以及购销业务票据，如电子支票、电子汇兑、网上委托收款票据等。

（3）简化会计循环并改善信息处理的质量

虽然会计信息系统仍然以会计恒等式和会计循环为基础，但已经简化了账簿体系和会计循环，在整个会计循环中对会计人员的技术要求，只在于从原始凭证到记账凭证的编制和确认，从而改善了信息处理的质量。其主要包括以下几个方面：

①实现了多元分类核算，随时提供各种分类核算的汇总和明细信息。

②发展了会计方法或模型。由于数据采集和处理能力的极大提高，原来难以实现的复杂的数学模型和分析预测方法不再是空中楼阁。例如，线性代数、本量利分析、回归分析、多元方程和高层次数据模型都可以在管理会计中应用。

③实现了会计与业务的协同处理，打破了会计核算与产品购销存业务之间的分割，使信息在会计和业务部门之间得到一定程度的共享，甚至实现物资、资金、信息的三流合一，各子系统高度共享信息，会计不再是一个"信息孤岛"。

④实现了分散处理和集中管理相结合的会计管理模式。分公司或派出机构可以随时随地将发生的经济业务输入系统，并通过互联网将凭证直接存入集团总部的会计信息处理中心，由总部集中管理会计信息和编制报表。

（4）强化了会计的职能

会计信息化促进了会计职能的变化，尤其当企业推行 ERP 并且采用 Internet/Intranet 技术之后，不仅能够加强财务会计与其他业务部门的协同处理，统一管理信息资源，实现数据的高度共享，而且可以通过远程处理与网上支付，实现网络财务管理，促使财务管理从静态走向动态，有利于集团公司、跨国企业的实时管理。网络财务的集中管理将强化主管单位对下属机构的财务监督，促进其及时部署经营活动和做出财务安排，同时可以改变财务工作方式，实现移动和在线办公。

（5）会计内部控制程序化

由于会计数据的存储、处理方式以及会计工作组织的改变，手工条件下行之有效的许多控制方法已不再适用，而必须采取新的控制方法和技术，其中相当一部分要由计算机系统自动实现，即实现内部控制的自动化。例如，操作权限、数据检验、处理过程、数据输出，都可由计算机系统自动进行控制。

（6）财务报告内容多元化并提供定期与实时相结合的报表

由于会计信息系统实现多元分类和动态核算，财务报告正在向内容多元化、形式多样化、组合适需化以及定期与实时报告相结合的模式发展。①会计信息系统可以提供定期和即时两种财务报告，尤其实现网络会计之后，电子凭证几乎在经济业务发生的同时即可进入系统并反映到财务报告中来。②会计信息系统可以提供基于多种计量属性的财务报告，尤其是历史成本和公允价值并重的报告、定性信息与定量信息相结合的财务报告、货币信息和非货币信息相结合的财务报告、核心信息与非核心信息相结合的报告。③会计信息系统可以授权信息使用者或有关部门自己通过网络并按自己的需求自动生成报告。例如，税务机关可以远程读取有关企业的会计数据并生成会计报表。

（二）会计信息系统的基本构成

1. 硬件资源

硬件资源是指会计信息系统进行会计数据输入、处理、存储、输出和传输的各种电子设备。其内容主要包括：①输入设备，如键盘、光电扫描仪、条形码扫描仪等；②数据处理设备，如计算机主机等；③存储设备，如磁盘机、光盘机等；④输出设备，如打印机、显示器等；⑤各种网络设备，如网卡、集线器、中继器、网桥、网关、路由器、服务器等。

要使会计信息系统能够有效运作，必须根据会计信息系统的目标配置硬件资源，并建立相应的硬件平台。

2. 软件资源

软件资源是保证会计信息系统能够正常运行的核心和灵魂。软件资源又分为系统软件和会计软件。

系统软件主要包括：①操作系统，即对计算机资源进行管理的系统软件；②数据库管理系统，即对数据进行管理的系统，如甲骨文数据库管理系统等。

会计软件是专门用于会计核算和会计管理的软件，是会计信息系统的一个重要组成部分。没有会计软件的信息系统不能称为会计信息系统，拥有会计软件是会计信息系统区别于其他信息系统的主要因素。

3. 信息资源

数据文件是一种非常重要的信息资源，它是用来存储会计信息系统中数据和信息的磁性文件。数据文件主要包括三类：①基础数据文件，如组织的会计科目、人员档案、客户档案、组织结构档案等；②经过会计信息系统加工后生成的文件，如总账文件、应收账款文件等；③临时文件，在信息系统运行过程中存放临时信息的文件。

会计规范也是一种非常重要的信息资源，它是指保证会计信息系统正常运行的各种制度和控制程序，如硬件管理制度、数据管理制度、会计人员岗位责任制度、内部控制制度、会计制度等。会计规范可以保存在数据文件中，也可以保存在纸质文件中。

4. 会计人员

会计人员与会计信息系统之间有着密切的联系。会计人员既是会计信息系统的组成要素，又是会计信息系统的管理者，由其确定会计信息系统采用什么样的会计模式，并与信息系统管理者一起制定会计信息系统的运行规程，特别是会计信息系统的内部控制问题。而会计信息系统应该是服务于会计人员的，帮助会计人员更有效地处理有关信息，并向用户提供满足需要的高质量的会计信息。

此外，会计人员的工作重点还包括对企业各项业务活动及资源利用的绩效评价，对信息技术、信息系统等新技术应用的风险管理，与企业经营、发展战略密切相关的会计决策活动。由此，一方面，要求未来的会计人员必须是多面手，如对会计信息系统的管理，实际上要求会计人员应具备系统分析员的部分素质；另一方面，会计人员用到的很多管理方法、手段和模型，其他企业管理人员也可以做，只是加工的信息对象有差别。而在信息社会，这些对象对于所有的信息用户可能是平等的，未来的职业可能出现融合的趋势，此时，重要的是企业员工具备的知识素养。因此，要使会计这一古老的行业在未来信息社会有立足之地，就必须大力提高会计人员的素质。

二、会计信息化的 IT 平台

(一) 会计信息化的应用平台

1. 管理软件

企业管理信息化建立在管理软件的基础之上。管理软件是指能够体现企业管理的大部分职能（包括决策、计划、组织、领导等），能够提供实时、相关、准确、完整的数据，为管理者提供决策依据的一种软件。管理软件是将管理思想、管理方法和信息技术有机融合的产物。

当前，信息化带来的财务业务一体化、技术创新、商务模式转变和新的资本市场，极大地推动了社会生产力的发展。从我国来看，企业集团当前最迫切需要解决的问题是企业集团财务管理信息化。目前，国内外先进的企业管理软件，包括财务软件、购销存系统软件、决策分析软件等，基本能解决我国目前企业集团存在的财务问题。软硬件的投资到位，可以视企业的财力、物力和人力而定。

企业管理软件在计算机网络环境下运用，诸如远程监控、远程记账、远程报账、远程报税、远程报关、远程审计、网上采购、网上销售、网上服务，以及企业在线资金调度、异地转账结算等应用，使得企业集团财务业务管理模式发生了重大的变化，推动了企业集团的管理从桌面走向网络，从静态走向动态，实现了企业集团的协同业务处理，财务监控、业务监控实时一体化管理，企业集团的预测、控制、分析以及决策手段得到了极大的提高。同时，降低了企业集团的经营风险和经营成本。

2. 会计信息化中主流的管理软件

(1) 思爱普

SAP 管理软件产品分为高端产品 SAPR/3、中端产品 My SAP All-in-One 和低端产品 SAP Business One 3 个系列。

SAP 的主打产品 SAPR/3 是用于分布式客户——服务器环境的标准 ERP 软件，主要功能模块包括销售和分销、物料管理、生产计划、质量控制、工厂维修、人力资源、工业方案、办公室和通信、项目系统、资产管理、控制、财务会计。支持的生产经营类型是按订单生产、批量生产、合同生产、离散型制造、复杂设计生产、按库存生产、流程式生产，其用户主要分布于航空航天、汽车、化工、消费品、电气设备、电子、食品饮料等行业。

SAPR/3 的功能函盖了企业管理业务的各个方面，这些功能模块服务于各个不同的企业管理领域。在每个管理领域，SAPR/3 又提供了进一步细分的单一功能子模块。SAP 所提供的是一个有效的标准，而非全面的 ERP 软件，同时软件模块化结构保证了数据单独处理的特殊方案需求。SAPR/3 软件功能比较丰富，各模块之间的关联性非常强，所以不仅价格偏高，而且实施难度也高于其他同类软件。

SAPR/3 适用于那些管理基础较好、经营规模较大的企业，普通企业选择 SAPR/3 时，要充分考虑软件的适用性和价格因素。

(2) 甲骨文

Oracle 公司旗下有很多不同版本的管理软件，主打管理软件产品 Oracle E-Business Suite 是最重要的。它是在原来 Aplication（ERP）基础上的扩展，能够实现企业经营各个方面的自动化，包括销售订单管理、工程数据管理、物料清单管理、主生产计划、物料需求管理、能力需求管理、车间生产管理、库存管理、采购管理、成本管理、财务管理、人力资源管理、物料需求管理、预警系统，是无缝集成的管理套件。

Oracle EBS 已经发布的 R12（Release 12）是完全基于 Web 的企业级软件。支持的生产经营类型有按订单生产、批量生产、流程式生产、合同生产、离散型制造、复杂设计生产、混合型生产、订单设计、库存生产的，其用户主要分布于航空航天、电气设备、化工、汽车、消费品、电子、食品饮料等行业。

Oracle 凭借"世界领先的数据库供应商"这一优势地位，建立起构架在自身数据之上的企业管理软件，其核心优势就在于其集成性和完整性，用户可以从 Oracle 公司获得任何所需要的企业管理应用功能，这些功能集成在一个技术体系中。如果用户想从其他软件供应商处获得 Oracle 所提供的完整功能，很可能需要从多家供应商处分别购买不同的产品，这些系统分属于不同供应商的技术体系，由不同的顾问予以实施，影响了各个系统之间的协同性。对于集成性要求较高的企业，Oracle 无疑是理想的选择。但如果企业对开放性要求较高，则 Oracle 无法胜任。

(3) 用友

用友公司致力于把基于先进信息技术（包括通信技术）的最佳管理与业务实践普及于客户的管理与业务创新活动中，全面提供具有自主知识产权的企业管理 ERP 软件、服务与解决方案，是中国最大的管理软件、ERP 软件、集团管理软件、人力资源管理软件、客户关系管理软件及小型企业管理软件提供商。

用友管理软件产品包括涵盖高端 ERP 市场（用友 NC）、中端 ERP 市场（用友 U8）和小型企业管理软件市场（用友财务通）全面应用需求的成熟产品链条，并且各软件之间能够实现有效的连接和协同应用，为企业集团各个层面的应用需求，以及成长性企业不同阶段的应用需求提供信息化工具。

(4) 金蝶

金蝶公司是中国软件产业众多"第一"的缔造者，第一个 Windows 版财务软件及小企业管理软件——金蝶 KIS 的缔造者，第一个 JAVA 中间件软件——金蝶 Apusic 和金蝶 BOS 的缔造者，第一个基于互联网平台的三层结构的 ERP 系统——金蝶 K/3 的缔造者，第一个发布基于互联网提供在线管理和电子商务服务平台——友商网的缔造者。

目前，金蝶有三种管理软件产品，即面向中大型企业的 EAS、面向中型企业的 K/3 和面向小型企业的 KIS，软件功能涵盖企业财务管理、供应链管理、客户关系管理、人力资源管理、知识管理、商业智能等，并能实现企业间的商务协作和电子商务的应用集成。

（二）会计信息化的技术环境

1. 数据库管理系统概述

(1) 数据库

数据库是以一定的组织方式将相关的数据组织在一起，存储在计算机外存储器上的相关数据的集合。它包括描述事物的数据和相关事物之间的联系。数据库中的数据包括数字、字符、声音、图片、图像等。

数据库是存储在一起的相关数据的集合，这些数据不是大量数据的简单累积，而是以某种特有的规律独立地存储于一个相对封闭的"集合"内，它具有很强的概括性、结构性和独立性。当然，数据库也可以包含数据库，如果某数据库包含若干个数据库，而且这些数据库在结构上相互独立，则称它为"数据库集合"。

数据库一般可分为网状数据库、层次数据库和关系数据库三种类型。这几种数据库系统具有不同的关系模型，也就是结构化模型或规律不同，其中关系数据库发展最为成熟，应用最为广泛，是数据库发展的主流。

(2) 数据库管理系统

数据库管理系统是为数据库的建立、使用和维护而配置的软件。它利用了操作系统提供的输入/输出控制和文件访问功能，所以要在操作系统的支持下运行。

(3) 从会计信息化的视角理解数据库的作用

会计是一个信息系统，无论是财务会计、成本会计，还是管理会计，都需要进行大量的会计信息处理。利用计算机进行会计信息处理，具有速度快、精度高、储存量大、输入输出方式多等优点。而数据库管理则是计算机信息管理的主要方式。目前，数据库管理系统非常多，它们不仅能够组织和存储数据，而且还能定义数据、查询数据、控制数据，在数据存储量、数据处理能力、数据系统的安全性、数据的自动复制和数据权限管理等方面具有强大的功能。

2. 会计信息化数据处理模式

在应用软件的设计上，数据的处理模式主要有：主机/终端、文件服务器、客户机/服务器和浏览器/服务器等模式。其中，客户机/服务器模式是数据处理的一种重要方式，在管理信息系统中应用极为普遍。随着 Internet 的快速发展，在网络系统中越来越广泛地使用浏览器/服务器模式。客户机/服务器模式和浏览器/服务器模式是目前管理信息系统设计的基本模式。

（1）主机/终端模式

主机/终端模式又称为集中式。20 世纪 80 年代中期以前，由于受计算机硬件性能的制约，主机/终端模式一直是数据库系统所支持的主要应用模式。在这种方式下，系统所有的程序都在主机中运行，所有的数据都存放于主机内，用户通过本地或远程终端访问主机。终端仅由键盘、显示器及与主机通信的设施组成。在计算机发展的早期，由于计算机价格昂贵、专业人员缺乏，这种方式曾在比较长的一段时期内被广泛应用。

由于集中方式所采用的主机价格远较微机和工作站昂贵，当微机和工作站性能越来越强且价格越来越低时，能否用一系列微机代替作为主机的大型机，将其任务分布到各个节点上，成为软件开发工作重点考虑的问题。这种模式对于资源管理的效率较高，但缺乏灵活性，不能满足信息量迅速增大的需求。

（2）文件服务器模式

文件服务器模式是随着计算机硬件性能的提高和局域网的发展而产生的。它是指在局域网中，数据集中存放于文件服务器上，该服务器仅负责从服务器硬盘上查询所需要的数据文件，并通过网络发送给微机用户。用户的微机上有数据库管理系统，负责处理来自服务器的数据文件，处理完的结果又以数据文件的方式通过网络存放于文件服务器上。

在文件服务器模式下，当企业日益发展，部门间相互传输的数据量日益增大时，局域网负担会过重。为了减轻网络传输的负荷，人们也会自然想到有无必要经网络传输全部数据文件。因为事实上很多查询仅是有限的几个数据或几条记录，在网上传送整个文件是没有必要的。这就要求服务器一方具有处理能力，仅将处理的结果经网上传送，因此，文件服务器不仅可以存放文件，还应有处理能力。由于在服务器上网络操作系统以文件的形式对共享数据进行管理，对共享数据的其他操作由工作站完成。这种模式的缺点是：在工作站上，容易造成数据的不一致，网络负荷较重。

（3）客户机/服务器模式

在这种结构中，将任务的执行分配在两台或多台计算机之间进行，客户机运行前端的用户接口和应用程序，服务器端提供客户机运行所需的各种资源。从软件结构看，客户/服务器结构把应用或系统按逻辑功能划分成客户软件部分和服务器软件部分。客户软件负责数据的表示和应用，接受用户请求并转换为服务器的请求。

（4）浏览器/服务器模式

浏览器/服务器模式是一种基于 Internet 和 Intranet 的应用模式。浏览器/服务器模式中，对数据的处理和运算本质上与客户机/服务器模式相似。但由于浏览器/服务器模式中集成了 Internet 的功能，且用户界面类似浏览器，因而可以方便地进行跨地区的访问，极大地方便了用户的使用。因此，它是一种极具发展潜力的应用模式。

（三）会计信息化的信息传递与共享平台——计算机网络

1. 计算机网络的概述

（1）计算机网络的定义

网络是一个复杂的人或物的互联系统，生活的周围时时刻刻存在着网络，如电话网、电报网等，形象地说，地球被形形色色的网包围着，如有形的线缆、无形的电波等，即使人的身体内部，也是由许多的网络系统组成，如神经系统、循环系统等。

计算机网络，顾名思义就是由计算机组成的网络系统。计算机网络是一组自治计算机互联的集合。其中，自治是指每台计算机都是独立的，不受其他机器的控制；互联则是指使用通信介质进行计算机连接，并达到相互通信的目的。通俗地说，计算机网络就是把分布在不同区域的独立的计算机通过专门的外部设备利用通信线路互联成一个规模大、功能强的网络系统，从而使众多的计算机可以方便地相互传递信息、共享资源。

由于 IT 业迅速发展，各种网络互联终端设备层出不穷，如计算机、打印机、WAP 手机、PDA 网络电话等。因此，对计算机网络一直没有严格的定义，随着计算机技术及通信技术的发展，计算机网络的内涵也在不断地变化。物联网就是计算机网络发展的一个新生事物。

（2）计算机网络的组成

计算机网络是由不同通信媒体连接的、物理（位置）上互相分开的多台计算机组成的、通过网络软件实现网络资源共享的系统。通信媒体可以是电话线路、有线电缆（包括数据传输电缆与有线电视信号传输电缆等）、光缆、无线、微波以及卫星等。利用这些通信媒体将相应的交换和互联设备连接，组成相应的通信网络，也称为通信系统。因此，计算机网络也可以看作是由地理上分散的多台计算机，利用相应的数据发送和接收设备以及通信软件与通信网络连接，通过发送、接收和处理不同长度的数据分组，从而共享信息与计算机软件、硬件资源的系统。

与计算机网络连接的计算机可以是巨型机、大型机、小型机或工作站、PC 以及笔记本式计算机，或其他具有 CPU 的智能设备。这些设备在计算机网络中具有唯一的可供计算机网络识别和处理的通信地址。但是，并不是所有连在一起的计算机组建系统都是计算机网络。处于网络中的计算机应具有独立性，如果一台计算机可以强制启动、停止和控制另一台计算机，或者说如果把一台计算机与网络的连接断开，它就不能工作了，这台计算机就不具备独立性。

计算机网络也可以看作是在物理上分布的相互协作的计算机系统，其硬件部分除了计算机、光纤、同轴电缆以及双绞线等传输媒体之外，还包括插入计算机中用于收发数据分组的各种通信网卡（在操作系统中，这些网卡被作为一种外设），把多台计算机连接到一起的集线器（Hub——该设备近年正逐步被相应的交换机取代），扩展带宽和连接多台计算机用的交换机以及负责路径管理、控制网络交通情况的路由器或交换机等。其中，路由器、ATM 交换机是构成广域网的主要设备，而交换机和集线器则是构成局域网的主要设备。这些设备都可看作是一种专用的计算机。与计算机网络有关的软件部分大致可分为以下五类：

①操作系统核心软件

操作系统核心软件是网络软件系统的基础。一般来说，和计算机网络连接的主机或交换设备所使用的操作系统必须是多任务的，否则将无法处理来自不同计算机的数据的收发任务。这也是 UX 操作系统成为 Internet 主要操作系统的原因。

②通信控制协议软件

通信控制协议是计算机网络中通信双方所必须遵守的规则的集合，定义了通信双方交换信息时的语义、语法和定时。协议软件是计算机网络软件中最重要、最核心的部分。计算机网络的体系结构由协议决定，同时，网络管理软件、交换与路由软件以及应用软件等都要通过协议才能发挥作用。

③管理软件

管理软件管理计算机网络的用户与网络的接入、认证、计算机网络的安全以及网络运行状态和计费等工作。

④交换与路由软件

交换与路由软件负责为通信设备各部分之间建立和维护传输信息所需的路径。

⑤应用软件

计算机网络通过应用软件为用户提供网络服务，即信息资源的传输和共享。应用软件可分为两类：一类是由网络软件公司开发的通用应用软件工具，包括电子邮件、Web 服务器以及相应的浏览搜索工具等，例如，使用电子邮件软件传输信息，使用网络浏览查询Web服务器上的各类信息等；另一类应用软件则是依赖于不同的用户业务，如网络上的金融、电信管理，制造厂商的分布式控制与操作等。与操作系统为开发用户程序提供系统调用功能一样，计算机网络为一类应用软件的开发提供相应的接口和服务，人们通常把此类应用软件的开发与网络建设一起称为系统集成。

2. 会计信息化网络应用常见模式

（1）简单的局域网络应用模式

这种模式适用于小型、单一组织企业，企业数据量比较小的应用模式，基于局域网应用的会计信息化，企业核算部门集中在一个地方，所有参与使用软件的部门都集中在一个局域网内。局域网内设立一台或多台服务器，多个客户端可以同时进行业务操作，但数据储存和读取都通过服务器来处理，通过组建一个局域网络，实现业务的统一集中管理。实现企业内部资源共享，一般不要求连接互联网。局域网应用环境下，网络体系结构多采用客户-服务器模式（简称C/S模式）。这种模式下，一台或几台较大的计算机集中进行共享数据库的管理和存取，称为服务器。而将其他的应用处理工作分散到网络中其他计算机上完成，构成分布式的处理系统。

C/S模式的优点是能充分发挥客户端PC的处理能力，很多工作可以在客户端处理后再提交给服务器，客户端业务处理速度快，C/S结构中的资源是分散的，客户机与服务器具有一对多的关系。用户不仅可存取在服务器和本地工作站上的资源，还可以享用其他工作站上的资源，实现资源共享，如文件共享、打印机共享等。

这种应用模式也有缺点：系统的可靠性有所降低，维护费用较高，由于客户端需要安装庞大而复杂的应用程序，当网络用户的规模达到一定数量之后，系统的维护量急剧增加，因而维护应用系统变得十分困难。

（2）广域网下分布应用、集中管理模式

这种模式适用于大型集团或公司有许多外部分支机构，业务数据需要集中管理的企业（集团）。这种模式下，企业（集团）的各分支机构（会计主体）将数据集中到总部服务器上，再由总部统一进行数据管理（包括数据的存放、维护等），各分支机构则通过广域网操作网络管理，以进行实时作业。也就是说，各分支机构将财务账建立在总部服务器上，分支机构通过网络直接登录总部服务器，进行凭证处理和账簿及往来账款查询。在总部内可直接对各分支机构账务数据进行管理、查询和维护。在广域网应用环境下，网络体系结构多采用浏览器-服务器模式（简称B/S），客户机上只要安装一个浏览器，服务器安装Informix或SQL Server等数据库。浏览器通过Web Server与数据库进行数据交互，B/S

最大的优点就是可以在任何地方进行操作，而不用安装任何专门的软件。

只要有一台能上网的计算机就能使用，客户端零维护。系统的扩展非常容易，只要能上网，再由系统管理员分配一个用户名和密码，就可以使用了。该种方式的优点是方便总部对各分支机构数据的集中管理，信息统计及时，服务器配置成本低；缺点是网络通信费用高，有时整体系统可靠性不高，受软件及网络影响较大。

第五章 面向企业应用的会计信息系统

第一节 面向企业会计信息系统与业务系统

一、面向企业会计信息系统的目标定位

（一）会计信息系统目标的两种主流观点

对于会计信息系统目标的研究，一直有两种比较主流的观点，即决策有用观和受托责任观。

1. 决策有用观

（1）决策有用观的基本内涵

决策有用观是财务会计准则委员会在其财务会计概念框架中的创新。目前，该观点已经成为研究财务报告目标的主流观点，决策有用观包括以下内涵：第一，财务会计的目标与财务报告的目标具有趋同性，因为会计是一个以提供财务信息为主的经济信息系统，而最终向外部传递信息的主要手段是财务报表，财务会计的目标与财务报表的目标是相互影响的，财务报表的目标直接影响到财务会计采纳一系列的程序与方法对财务报表要素的确认、计量、记录和报告；第二，财务报告应当提供有利于现有的和潜在的投资者进行合理投资、信贷决策的有用信息；第三，财务报告应有助于现有的和潜在的投资者、债权人以及其他财务报告的使用者评估来自销售、偿付到期证券或借款的实得收入金额、时间分布和相关的不确定性信息；第四，财务报告应该能够提供关于企业的经济资源对这些资源的要求权以及对这些资源的要求权发生变化的交易、事项和情况的信息；第五，采用权责发生制基础所得出的企业利润方面的信息，作为一个说明企业获得现金净流量的现时和持久能力的指标，比单纯依靠现金收付说明的财务情况更加有用。

在决策有用观下，投资人、债权人、政府有关部门等都会利用财务报告信息做出各自的决策。特定企业的财务状况、经营业绩与现金流量，具有不同程度的决策相关性。

(2) 决策有用观的局限性

决策有用观的局限性体现在：只有在资本市场发达的情况下，决策有用观可以使会计信息和信息使用者紧密相连，并能促进会计理论研究更具有针对性和方向性。但考察我国当前资本市场的发展情况，我们不难发现，由于大量非流通股的存在，我国资本市场尚未在企业资本筹集过程中发挥主要作用，企业的经营活动也并非完全以资本市场为导向，而众多的潜在投资者也仅仅是通过会计信息来初步了解一下上市公司而已，远远谈不上决策。

2. 受托责任观

(1) 受托责任观的基本内涵

受托责任观认为：在所有权和经营权分离的情况下，财务报告的目标是反映受托者对委托责任的履行情况。受托责任观更注重会计信息的历史性和可靠性。

受托责任观基于委托代理关系而产生，并随时代发展具有不同的含义。当前，随着公司治理的"利益相关者观"的逐渐传播和发展，受托责任的内涵也逐步扩展到"社会责任"，立足于公司治理的背景，受托责任观的基本内涵可以概括如下：第一，委托代理关系的存在是受托责任观的基石，在委托代理关系下，受托方接受资源投入方的委托，将承担起合理管理和运用受托资源使之在保值基础上实现增值的责任；第二，受托方承担如实向委托方报告和说明履行受托责任的过程及其结果的义务；第三，随着公司治理内涵的丰富和外延的扩大，公司的受托者还承担着向企业的利益相关者报告社会责任情况的信息。

(2) 受托责任观的局限性

受托责任观的局限性体现在受托责任强调会计系统和会计制度的整体完整性，因为只有完整的会计系统和会计制度才能确保会计实务的正确性。但会计系统和会计制度内容复杂，保证两者的完整性这一提法比较抽象，一旦实务中出现问题，则难以确定问题的根源，造成众说纷纭、难以统一的局面；在会计处理上，由于受托责任观强调客观性胜于相关性，因此要求采用历史成本计量模式。虽然历史成本模式有其自身的优势，但会计作为一门服务性的学科，应随时注意适应经济环境的变化，忽视市场的变化，只能使会计这门学科墨守成规，弱化其服务功能；在会计信息方面，受托责任观很少顾及资源委托者以外的信息需求，按照这一思想，会计人员往往难以体会潜在投资者的利益和要求，因此容易逐渐丧失完善会计信息的积极性，也难以进一步提高会计信息的质量。

3. 决策有用观与受托责任观之间的关系

通过上述对这两种观点的介绍，我们可以看出决策有用观和受托责任观存在着如下的关系：首先，决策有用观和受托责任观并无孰优孰劣之分，它们是不同经济环境下的产物，能够满足特定条件下使用者的信息需求；其次，从提供信息的内容来看，两种观点并不相互排斥。根据受托责任观，财务报告提供的信息有助于委托人评价受托责任的履行情况并做出是继续维持还是终止委托关系的决策，因此可以将受托责任观看作是从属于决策有用观的。

（二）我国企业会计信息系统的目标定位

从以上对会计信息系统目标研究的两大观点的简要阐述中可以看出，无论是受托责任观点，还是决策有用观点，都是顺应时代的要求而产生的，都有自己独特的历史背景。因此，可以得出这样一个结论，即环境决定着企业会计信息系统目标的定位。随着环境的改变，企业的会计信息系统目标也必须随之加以调整，否则会计信息系统的功能便会弱化。由此可见，在选择企业的会计信息系统目标时，不能脱离企业所处的经济环境而单纯地比较这两种学派的优劣。会计信息系统目标作为一个主观范畴，只有同客观环境相结合，才能体现出其自身的意义。

1. 经济环境分析

正是由于会计信息系统目标与环境之间存在着密切的联系，所以我国企业在选择会计信息系统目标时，必须分析自己所处的经济环境。会计信息系统目标研究主要是立足于西方企业所处的经济环境开展的，与之相比，我国企业当前所处的经济环境具有一定的特殊性。其具体表现如下：

首先，由于我国曾经实行计划经济，国有企业直到今日仍在国民经济中占据着主导地位，这与西方国家私人企业占据主导地位的情况截然相反。虽然国有企业的经营者与国家之间也存在着委托代理关系，但这种关系与西方企业相比具有差异性。因为我国国有企业经营者与国家之间的委托代理关系表面上看似十分清晰，即国家将经济资源委托给厂长、经理去经营，厂长、经理定期向国家报告其责任履行情况。但实际上，这种关系是通过多层次的委托代理才实现的，每经过一个层次，委托代理关系中蕴含的约束机制便遭到一次弱化。当关系延伸到企业经营者时，委托代理关系实际上已经变得十分模糊（这与股份制和资本市场导致的关系模糊是不同的，它是本质上的模糊，而前者只是形式上的模糊），它对经营者的约束也已经受到了极大的削弱。相比之下，西方国家一般的所有者与经营者之间的委托代理关系却是十分简单明了的。这也是为什么我国国有企业的厂长、经理们即使经营业绩十分糟糕，但仍可以稳坐其位的原因之一。随着经济改革的进行，以民营企业为代表的非国有企业在国民经济中所占的比重正在不断上升。这些企业在产权方面也具有自己的特殊性，这主要是由非国有企业常常采用家族式管理的经营理念造成的。在家族式管理方式下，企业的所有者与经营者常常是合二为一，这样以两权分离为前提的委托代理关系在这种企业身上是十分模糊甚至是不存在的。在产权关系十分模糊的情况下，受托责任能否作为企业的会计信息系统目标，还需要进一步探讨。

其次，我国企业所处的经济环境相当复杂，这主要是因为我国正处于经济转型阶段。一方面，国有企业正在进行改革，实行现代企业制度，企业的组织形式采用公司制，产权关系也得到进一步明晰，因此，企业所处的经济环境与受托责任学派的产生背景具有了一定的相似之处。另一方面，由于我国已经初步建立起社会主义市场经济体制，企业的经营管理以市场为导向，其面临的不确定性因素远远多于计划经济时期。同时，国家的金融改革促进了资本市场的迅速发展，企业股份制的推行使企业与资本市场之间的联系日益密切，企业会计信息需求者的范围得到了较大程度的扩大，这便产生了企业委托代理关系明朗化和模糊化两种趋势并存的现象。由此可见，我国企业所处的环境兼有两大学派产生背景的特点，这给企业会计信息系统目标的定位带来了困难。

2. 目标定位

通过对我国经济环境的分析可以看出，无论是受托责任学派，还是决策有用学派，在我国均有其适用的环境基础，但其基础是比较薄弱的，因为公司制在我国并未达到成熟的阶段，委托代理关系总体上来说仍然相当模糊（质的模糊），资本市场还处于起步和发展阶段，远未达到繁荣阶段。而会计信息系统作为企业同外部环境的联系纽带，必须同环境相适应，这就意味着我国企业会计信息系统的目标定位必须兼顾受托责任与决策有用，会计信息必须坚持可靠性和有用性原则，需要进一步考虑的就是二者的地位问题。此前我们说过，目标是一个具有层次性的体系，现在需要解决的就是受托责任和决策有用在这一体系中的定位问题。在西方经济发展史中，公司制的发展是早于资本市场发展的，正是经济资源所有权与经营权的分离才奠定了资本市场发展的基础。而真实可靠地反映企业的财务状况和经营成果也是会计的基本职能，会计信息失去了可靠性，即使它具有决策有用性（通常情况下只可能对经营者有用），也违背了会计作为一种社会职能的宗旨（总体目标）。因此，真实反映受托责任履行情况，不论何时都是会计工作的基础。我国企业在这一方面还需要进一步强化，因为会计信息失真现象在我国已经十分普遍，给经济建设造成了不可估量的损害。虽然其中有企业无法改变的环境因素，但企业会计信息系统目标定位不当，导致会计基础工作遭到忽视，也是重要原因之一。综上所述，受托责任是企业会计的基础性目标。

虽然受托责任是会计信息系统目标体系的基础，具有相当重要的地位，但是会计的宗旨是促进社会经济效益的提高，而要提高社会经济效益，必须首先提高企业的经济效益，这只有通过企业经营者、投资者、债权人等信息使用者科学合理的决策才能实现。因此，在提高经济效益方面，提供有利于决策的信息，显然比单纯地如实反映受托责任意义更为重要。因为只有通过科学的决策，才能在变幻莫测的市场中求得一席生存之地，而科学的决策是建立在大量有用的信息基础之上的，所以在当前我国资本市场迅速发展、公司股份化进程加速、上市公司不断增加以及经济全球化的情况下，企业为现有的和潜在的信息使用者提供决策有用信息，具有更为重要的意义。

综上所述，在企业的会计信息系统目标体系中，受托责任是企业的基本目标，它奠定了这一体系的基础，决策有用立足于受托责任基础之上，它对企业会计信息系统目标的实现具有决定性的影响，因而是这一体系的中坚；而企业的最高目标是会计总体目标，受托责任和决策有用均受其引导和控制，并为其服务。当前，我国企业在进行会计信息系统目标定位时，应注重目标体系建设的完整性，不能单独选择体系中的某一个目标，否则会导致企业会计工作的片面化，不利于充分发挥会计的职能。正确的方法是，根据企业所处经济环境的要求来确定以哪个目标为中心。从我国目前的经济环境特点来看，企业会计信息系统目标应在强调受托责任的基础上，以决策有用为核心目标。

二、会计信息系统与业务系统的关系与数据连接方式

（一）会计信息系统与业务系统的关系

会计信息系统所处理的主要是企业中的资金运动数据，它与业务系统主要管理实物资产的运动不同。但是，会计信息系统的相应功能与业务系统又是相对应的，它必须依赖业务系统提供的业务数据作为系统的原始数据来源。会计信息系统要从业务系统获得业务数据和信息，然后会计人员借助会计信息系统应用自己特定的方法和规则，做出确认、计量、记录、分类、汇总，并且以财务报表或其他报表的形式，向会计信息使用者传达企业的经营成果和财务状况。

会计信息和业务信息都是对企业经济活动过程的记录，会计信息一般采用货币计量方式，对经济活动产生的原始信息采用会计方法进行归集和整理。业务信息则一般是对企业经济活动所产生的原始信息的记录。可见，会计信息和业务信息记录的对象相同，均为经济活动过程。但是采用的方法存在差异，业务信息注重对经济活动所产生的原始数据的收集，会计信息一般以原始数据为基础，采用会计方法进行转换，主要以货币为计量单位。

面向部门的会计信息系统与业务处理系统并没有紧密集成。此时，业务系统和会计信息系统之间主要是靠手工传递业务单据，或靠人工控制业务系统生成记账的时间，或记账凭证与业务实时产生但传递到会计系统的时间受人工控制，我们称上述业务系统与会计信

息系统间的连接是受人工控制的连接,这种类型的业务系统与会计系统的连接不能做到实时。由于手工传递数据不及时或数据传递受人工控制,使得会计信息系统不能及时处理业务数据和反映财务状况,造成了会计信息与业务事件的不同步,这是面向会计部门应用的会计信息系统的一个明显特征。相对于企业整体管理来说,面向会计部门应用的会计信息系统一般会产生"会计信息孤岛"。虽然有些会计软件系统增加了与业务系统"进、销、存部分"的接口,利用自动转账实现业务系统与会计系统的连接,号称是业务、财务一体化的系统,可以做到会计与业务处理的同步。但是我们只要深入考察就会发现,这种软件系统的业务系统生成的转账凭证,还是要通过人工操作的,需要人为控制来执行某个功能,才能传递到会计信息系统中进行过账等处理,这种人为控制也就人为地割断了业务系统与会计信息系统的连接,这种系统实质上做不到业务系统与会计信息系统的实时连接,也不是真正的"业务、财务一体化"的软件系统。

(二) 面向部门会计信息系统与业务系统的数据连接方式

面向部门应用的会计信息系统由账务及报表处理、应收账款、应付账款、固定资产和工资处理5个子系统或模块组成。这5个子系统本身是相互集成的,并且以账务处理(包含报表处理及生成和分析)为中心,其他4个子系统处理具体明细的会计数据,并通过转账凭证,自动或人工控制将汇总信息传递到账务处理模块(也有称为总账模块的)。也有的会计软件把应收账款、应付账款合并为一个往来核算系统。面向部门应用的会计信息系统。一个面向财务部门独立应用的会计核算软件系统,但随着企业管理水平的提高,对会计信息系统与业务系统连接的要求也影响到了面向会计部门应用的会计信息系统。从目前面向部门应用的会计信息系统与业务系统的连接方式来看,一般有以下两种方式:

第一种,其会计核算处理与业务系统是分开的,没有进行紧密和实时连接,它们之间是通过单据在企业财务部门和内部其他业务部门间的传递和核对完成的,这需要财务人员利用专业知识分析业务和编制相应会计分录,制作会计记账凭证,录入到会计信息系统中。

第二种,业务事件发生时,业务部门的进、销、存系统可自动生成会计记账凭证。但是,此时的记账凭证并不能自动、实时地传递到会计信息系统中,而是需要人工控制,才能传递到会计信息系统中进行记账处理。这种人为的干预和控制导致面向部门会计信息系统并不能做到与业务系统的实时集成,而此种连接形式对应的计算机会计信息系统的设计原理和会计处理流程并没有发生变化,还是基于财务部门业务集成的系统,只是这时传递的记账凭证是电子数据形式,而非纸制形式。

三、财务业务一体化

(一) 财务业务一体化的概念

财务业务一体化是指企业基于网络平台，实现对财务会计信息处理和企业生产经营业务，主要是指采购、销售、库存、生产等信息进行协同处理和监控的过程。财务业务一体化可以实现财务信息和供应链管理信息以及生产信息的同步处理和监控，从而实现信息流、资金流和物资流的合一。在完成采购、出入库、销售等业务的同时，生成相关的财务信息，为信息需求者及时准确地提供财务、供应链和生产方面的各类信息。

财务业务一体化的核算与管理模式基于会计信息与业务信息的集成，以此为基础，财务部门与业务部门进行有效沟通，并采用财务方法对业务过程进行事中控制。这种核算与管理模式将会计数据与业务数据融为一体，极大地丰富了财务分析信息。

(二) 财务与业务一体化产生的时代背景

1. 技术背景

会计工作的产生与发展历来都受到信息技术的制约和冲击。20世纪中叶以来，以计算机为代表的微电子技术以及光纤、空间技术、生物工程和海洋工程等新技术群体的产生和发展，使得自然资源在经济发展中的作用和价值越来越弱化，技术、知识、信息的作用和价值则越来越突出，其中信息技术正成为促进经济发展和社会进步的主导技术，信息产业逐渐成为社会发展中的主导产业，信息社会正在形成。信息技术的迅猛发展以及信息社会的形成对传统AIS造成了巨大的影响。

IT引起的变革浪潮正在撞击着会计的海岸线，在20世纪70年代，它彻底冲击了工业界，80年代又荡涤了服务业，而到了90年代，会计界将接受它的洗礼。它改变了商业运营的方式，也改变了经理们面临的问题。现在的经理们需要新的信息模式进行决策。因此，内部会计和对外报告会计都必须改革，高等教育可以只是简单地对这些变革做出反应，抑或扮演一个更为积极的角色，同时促进其他领域的适应性变化。对于从事学术研究的会计人员的挑战将是，创造第三次浪潮中的会计规范，并且培养出能够在处于第三次浪潮的企业中有效地行使职责的毕业生。而对从事非学术研究的会计人员的挑战将是，促进企业的变革以实施这一新会计规范。商业运营模式的改变使得经理们对会计信息提出了更多要求，为满足经理们对新会计信息模式的需求，AIS应当实现由传统到财务与业务一体化的转变，而信息技术突飞猛进的发展使得这一切变为现实。

2. 企业经营环境

AIS 的产生和发展，除了受到信息技术环境的影响外，还受到企业经营环境的制约和冲击。行业现有的竞争状况、供应商的议价能力、客户的议价能力、替代产品或服务的威胁、新进入者的威胁这五大竞争驱动力决定了企业的盈利能力，并指出公司战略的核心应在于选择正确的行业以及行业中最具有吸引力的竞争位置。同时，波特还认为，在与五种竞争力量的抗争中，蕴涵着三种成功战略，这三种战略是总成本领先战略、差异化战略以及专一化战略。从"五力模型"与"三大战略"我们可以看出，企业应当正确认识和选择自身在行业中的竞争位置，并根据企业的自身情况，审时度势，制定相应的战略方针。与此相适应，作为重要的决策支持系统，AIS 应当向企业经营管理层提供与战略制定相关的会计信息。会计信息的相关性是相对的，它取决于不同使用者的决策目标、决策类型、决策时点以及决策者的心态，即使是同一会计信息使用者，不同地点，其对会计信息相关性的评价结果也不同。会计信息使用者对会计信息的利用早已超越了财务 AIS 的范畴，信息使用者不仅需要货币信息、财务信息和定量信息，也需要非货币信息、非财务信息和定性信息。客观地说，现行的 AIS 仅能提供货币信息、财务信息和定量信息，不能提供非货币信息、非财务信息和定性信息。而战略决策是战略管理层面临的决策，一般与企业远景规划息息相关，常常表现为非结构化决策，其所需要的多数属于综合类的信息，非货币信息、非财务信息和定性信息在很多情况下更有利于企业更好地审时度势，合理地制定企业战略决策。从这个意义上说，会计信息使用者需要一个财务与业务一体化的 AIS，而不是只提供财务信息、定量性和确定性信息的传统 AIS。

3. 传统 AIS 输出的单一性

在价值法下，财务 AIS 对一切信息使用者"一视同仁"地提供同样的会计信息，不同的信息使用者被动地接受同样的会计信息，这本身就有悖于"决策有用观"。与此同时，传统的会计信息处理过程中经济业务的发生与会计处理是分离的，这种分离也导致大量数据的重复存储问题。例如，AIS 和销售/付款系统之间的关系，产品在销售过程中价值是不断变化的，它遵循这样一个规则，即产品销售总额＝数量×市场价格。每一个流动环节都是如此，要反映这个价值链必须使财务信息源渗透到物流的每一个环节中去，使财务管理能够准确、全面和及时地反映数据背后的经济活动，并能够及时有效地加以控制。但是在现有的会计制度中，会计信息是按照科目来进行归纳的，作为一种层次性的归结方式，这种方法无疑是科学、合理的，但是并不能完全满足销售系统的需要，如销售系统中重要的客户信息、产品特征信息、售后服务信息在传统的 AIS 中并不能得到反映，这些信息通常在销售系统中单独反映，而这些信息与财务信息的分离显然不利于企业充分利用信息进行决策。与此同时，传统 AIS 中财务数据对企业状况的反映是滞后的，它的反映周期通常为月和年，而企业需要实时地提供企业经营信息。只有实时地反映企业的营运状况，才能正确地进行经营决策，合理地进行企业生产经营活动，有效地进行成本控制活动。

4. 企业经营决策对财务与业务一体化的需求

决策有用性常常被视为会计信息的"生命线"，也是会计信息使用者的最终需求之一。企业经营管理决策层不仅要求 AIS 披露货币信息、财务信息和定量信息，还要求更多地披露非货币信息、非财务信息和定性信息（以及不确定性信息）。现行 AIS 业务处理活动与会计活动的分离，财务数据对运行状况的反映滞后以及存储数据的重复收集等问题对 AIS 提出了新的发展要求——信息集成。决策者对集成会计信息的需求使得改造现行 AIS，构建财务与业务一体化的 AIS 成为必然。这不仅要求 AIS 实现财务与非财务信息的集成，实现定量信息与定性信息的集成，还要求 AIS 实现内、外信息的集成。内部信息的集成，主要是指业务操作流程及数据采集的集成，实现 AIS 与企业资源计划系统的数据共享，外部信息集成则指与供需链上所有合作伙伴的集成。内、外部信息的集成使内、外信息流更加顺畅，减少数据的重复存储保证数据的一致性，更好地匹配企业经营管理决策，从而加强经营决策的一致性，减少经营决策过程中所产生的各种矛盾。由此可见，企业经营管理层对会计信息需求层次的提升是促使现有 AIS 转变为财务与业务一体化 AIS 的决定因素之一。

5. 信息技术使财务与业务一体化的实现成为可能

财务会计目标在于提供各种可能与决策模型相关的经济事项信息，与决策相关的事项信息应以原始的形式保存。会计人员的任务只是提供有关事项的信息，让信息使用者根据其决策需要加工成所需要的事项信息，并将其运用于决策模型。会计人员提供有关事项的会计数据，由使用者对这些数据进行汇总，以分析并确定其重要性。因为不是会计人员，会计信息使用者将对他们决策最有用的数据转化为最适合其决策模型的信息。但这一思想在当时的信息技术条件下是很难达到的，信息处理、存储和检索技术、网络通信技术、网络安全技术等还相对落后，不能完全满足构建财务与业务一体化 AIS 发展的要求。从 20 世纪 80 年代开始，计算机在企业经营管理中得以广泛运用，大规模和超大规模集成电路计算机、海量存储技术、互联网、企业内部网、企业外部网、电子商务等的迅猛发展，为财务与业务一体化 AIS 的构建奠定了坚实的技术基础。

正是在诸多因素的综合作用下，才使蕴涵财务与业务一体化思想的 AIS 应运而生，并由此引起了会计理论界和实务界的极大关注。

(三) 业务与财务一体化处理流程

每个业务处理流程的处理程序构成了该流程的业务处理系统。每个业务处理系统（模块）与财务处理保持高度集成，财务子系统不仅能够从其他业务子系统获取信息，而且能够向其他子系统传递信息，进行数据交互。从会计信息系统的角度，业务与财务一体化处理流程可以抽象为输入、处理、存储和输出4个主要作业成分。

1. 输入

输入是指业务处理系统对相关信息的获取过程，也是业务处理系统运作的开端。这些信息主要来自业务发生时所形成的各种原始文件，如顾客的订单、购物（销售）发票、购买货物订单、职工的劳动计时卡和银行的存（取）款通知等。这些原始文件又称原始凭证，是业务处理系统中输入的实物凭证，能够为各个处理系统进行相关业务的处理提供所需要的依据或数据。

2. 处理

处理是企业业务流程的中心环节。由于各处理流程所需要处理的业务内容不同，因而具体的处理方法也有所不同。在需要进行账户登记的流程，其主要的处理方法是对发生的交易所引起的增减变动在有关的账户中加以记录；在其他流程中，主要的处理方法是对于相关事项的数据在有关的登记簿上进行记录。因此，处理流程主要包括对日记账和登记簿的使用2个方面，经过这样的处理，可以提供一个永久性的按业务发生的时间顺序排列的输入记录。输入操作既可以手工记录在一个简单的人工系统中，也可以由数据操作员利用个人电脑输入。

在不同的企业，所采用的会计核算组织程序是不同的。企业可根据会计核算业务量的多寡，以及会计机构的具体设置和会计人员的素质等方面的情况，选择记账凭证核算组织程序、汇总记账凭证核算组织程序、科目汇总表核算组织程序和日记总账核算组织程序。在传统的手工处理核算系统中，记账凭证核算组织程序、汇总记账凭证核算组织程序和科目汇总表核算组织程序往往成为人们的理想选择。日记总账核算组织程序则因其设计的账页过大、栏次过多，不便于使用且容易产生记账差错，也不便于记账上的业务分工等缺点而不予采用。在计算机会计处理系统中，以上这些弊端已不再成为问题。日记总账核算组织程序的优点和长处，如可以在一张账页上集中反映所发生的每一笔经济业务，可以清晰地体现各会计科目之间的对应关系等，也可以得到有效的发挥。

在日记总账核算组织程序下，日记账的设立成为一种较为普遍的事情。可以将凡是需要加强控制的都设计成日记账，并分别设立在有关的流程之中，由这些流程在业务处理的过程中直接进行记录，不仅可以及时反映发生的经济业务，而且便于业务处理上的分工，更有利于各流程之间的相互控制。因此，日记账的记录成为处理系统中的重点内容。

（1）日记账

日记账用于记录财务数据，它提供了一个按时间顺序排列的财务处理的记录。与记账凭证核算组织程序、汇总记账凭证核算组织程序和科目汇总表核算组织程序等核算程序相比，日记总账核算组织程序的最大特点是可以简化会计凭证的填制工作。由于在日记账中已经设计了记账凭证所反映内容的栏目，所以编制会计分录的工作与登记日记账的工作可以同时进行。这样，就可以省略手工会计处理系统中另行编制记账凭证这一环节。也就是说，对于企业发生的业务可以根据有关的原始凭证直接记录到日记账中去。

从理论上讲，将企业发生的所有经济业务统统用一个两栏的总日记账进行反映是可行的，但在实际上往往行不通。因为这样的处理会造成总日记账记录的事项过于庞杂，不便于对数据的采集和利用。因此，为使企业发生的业务能够按照一定的类别得以系统地归类，也为了便于实行业务处理上的分工和节约人力，往往用特殊日记账去记录那些企业经常发生，且对企业的财务状况有着直接影响的经济业务，如上面所说的，对于其他业务则可以设计成明细分类账进行登记。以下是企业在业务处理中所普遍使用的专用日记账。

①库存现金收入日记账：专门用于汇集现金收入业务的账目。

②库存现金支出日记账：专门用于汇集现金支出业务的账目。

③产品销售日记账：专门用于汇集产品赊销业务的账目。

④材料采购日记账：专门用于汇集材料采购业务的账目。

以上四种日记账通常与一个独立的总日记账配合使用，以提供一个完整的日记账簿记系统，既可以总括地反映企业所发生的全部业务，也可以详细地反映企业所发生的全部业务。

库存现金收入日记账和库存现金支出日记账可以单独设置，也可以合并设置，应视这2个方面业务量的大小和人员的分工情况等而定。

当然，要设置哪些日记账在不同的企业也是不一样的。由于财务信息在整个会计信息系统中所占有的重要地位，专用日记账的设计成为会计系统设计中最重要的步骤之一。正确设计专用日记账，能够避免许多过账，也能够方便地获得主要交易的总额。此外，还可以使操作人员在日记账的记录或输入过程中节省时间和精力，同时又能够很好地实现各日记账之间的传递媒介功能。

（2）登记簿

与设立日记账用于记录企业财务数据的目的不同，设立登记簿是用于记录与财务没有直接关系的其他数据，如销售订单、商品装运单、货物出（入）库单、采购单和生产通知单等。这些单据也是企业在业务处理的过程中所形成的，虽然与财务的收支都没有直接的关系，但能够为业务的处理提供一定的依据，也能够用于检验业务处理的正确性，因而也需要以一定的形式留存下来。采用登记簿对这些单据提供的数据加以记录是一种普遍的做法。

3. 存储

存储是指对处理流程所形成的各种数据的保存。在会计信息系统中，不管是人工处理系统还是计算机处理系统，分类账和文档都是存储数据的重要载体。

（1）分类账

为了储存各处理流程所形成的各种数据，企业除了要设置各种日记账和日记总账以外，还需要设置分类账，如应付账款/票据分类账和应收账款/票据分类账等，用以记录日记总账中所未能予以反映的业务内容。在账户的记录过程中，日记账的记录是根据原始凭证所做的初始记录，初始记录最终要过入各分类账和日记总账中。因此，日记总账或分类账的记录是最终的账户记录，它们提供了企业财务会计处理的汇总情况。企业所发生的现金收入、现金支出、采购、销售、生产、财务以及应付账款/票据和应收账款/票据的所有账务处理都要在日记总账和分类账中反映出来，并且每个处理都要有借贷科目的输入。各种日记账的记录最终都要过入日记总账的过程称为过账。过账的目的是便于进行各类数据的归集与汇总，通过试算平衡来检验日记账记录上的正确性。

（2）文档

文档是指有组织的数据的集合。主要包括以下几种类型：

①交易文档

交易文档是交易输入数据的集合。交易文档一般包含临时性而非永久性的数据。例如，由于向客户发运了其所订购的商品，销售订单处理流程就应及时更新数据库中关于客户订单的记录，客户在向企业支付了货款以后，应收账款处理流程就应及时更新数据库中关于应收账款的记录。

②主控文档

主控文档包含的是永久性的或持续相关的数据。以应收账款为例，销售日记账是有关赊销业务按时间顺序的记录，可以看作是交易文档。交易文档是由对顾客销售的相关数据所组成。虽然可能对同一顾客有几笔销售，但这在交易数据处理之前是不知道的。将销售交易过账到应收账款分类账上以后，就可以汇总出来对某一顾客的销售情况。处理过程将数据转化为汇总起来的信息。对于企业的管理层而言，他们往往对汇总的数据，如销售总额、应收账款总额等，更感兴趣。同时，管理层对应收账款等主控文档信息的兴趣是长期的，对交易文档的兴趣是临时的。当然，交易文档必须保留以供审计检查。

③ 参考文档

参考文档或称表单文档，包含了数据处理所必需的数据，为数据的处理提供了标准或依据。常见的参考文档有公司汇率表、职工薪酬税率表、主控报价单等。

4. 输出

一个业务处理系统中，既有很多输入，也有很多输出。系统中产生的任何一个文档都是一个输出。有些文档既是输入又是输出。例如，顾客发票的处理既包含了将顾客的文件向销售订单处理系统的输入，又包含了销售订单系统向账单处理系统、仓储处理系统等应用系统的输出。其他常见的业务处理系统中的输出有试算平衡表、财务报表、营运报告、薪金支票、提单和付款凭单式支票（付款给卖主）等。

试算平衡表列示了所有日记账和分类账中各个账户的余额，并且可用以检验账户记录的准确性。因此，它是进行财务控制和准备财务报表的基础。

财务报表汇总了业务处理的结果，并且表述了这些结果与财务报告准则要求上的一致性。在企业会计核算组织系统中，常见的财务报表是资产负债表、利润表（损益表）和现金流量表。这些报表是企业主要用来对外部的信息使用者报送会计信息的财务报表。作为这些报表的补充，还有一些其他财务报表和文字文件，主要用于对以上报表中的数据情况等进行详细说明，以满足企业管理层和其他财务会计信息使用者的不同需要。

营运报告以统计或对比的形式汇总了交易处理的结果，是汇总了已接收货物、被订购货物、接受顾客订单及其他此类行为的报告，是一个企业营运的基础。营运报告的性质和内容依赖于企业的性质和交易行为的处理。

（四）财务业务一体化的作用

1. 充当了管理控制的基础

财务业务一体化，不仅实现了会计信息和业务信息的集成，而且为财务管理与控制的开展奠定了基础。从各类业务信息中提取成本信息，并进行成本的预测与分析，将资金控制点设置到业务流程的各个环节，真正实现节约资金、提高资金利用效率，彻底解决预算与核算两张皮、无法了解预算执行情况的问题，获取更为丰富、详细、准确、及时的管理决策信息。

2. 延伸了数据处理的起点

面向企业的会计信息系统，数据处理的起点是会计凭证，而财务业务一体化的出现，将信息系统数据处理的起点延伸至业务处理环节，在业务处理的同时，完成财务信息的获取和处理，从而大大提高了数据处理的时效性和准确性，实现了财务信息与业务信息的协同处理和监控。

3. 提高了会计信息的可靠性

会计信息可靠性的提高体现在：减少会计凭证录入的错误；对经济业务进行实时控制而且利于提高信息的透明度；一定程度上减少了舞弊行为。

4. 提高了数据处理的一致性

面向企业的会计信息系统，由于业务和数据处理在不同的部门按照不同的视图采集和记录，造成各部门之间的数据在记录方式上的不一致，从而为企业决策带来困难。财务业务一体化解决了这些问题，而且提高了数据处理的一致性。

5. 提高了会计信息相关性

由于信息集成不仅减少了数据的重复录入，更重要的是，信息集成有效改善了会计信息质量。就会计信息相关性的提高来看，节约了会计凭证和生成会计报表的时间，能及时查询和汇总子公司或分公司业务和财务信息，内部报表和分析报告形式更加多样化了。

6. 提高了数据处理的及时性

财务业务一体化，提高了业务数据向财务数据转换的速度，在进行业务处理的同时，完成了财务数据的采集和处理，极大地提高了数据处理的及时性。

7. 提高了信息系统的集成性

在面向企业的会计信息系统中，企业完整的信息处理链条不断地被手工处理环节打断，虽然实现了信息在某一个处理环节的计算机化，但并没有影响或改变企业信息处理的流程和工作模式。财务业务一体化的出现，突破了这一"瓶颈"，为企业管理效能的提高创造了新的平台。企业可以根据自身的工作流程特点，重新构造基于计算机平台的信息系统处理过程，实现业务流程的重新组合，将传统的分离的各个处理环节组织在一起，从根本上提升信息处理的效率，实现信息系统的集成。

8. 提高了信息的共享性

"信息孤岛"是面向会计部门应用的会计信息系统存在的主要问题之一，财务业务一体化有效地消除了存在于企业内部的"信息孤岛"。在面向会计部门应用的会计信息系统中，会计信息被作为孤立的信息系统进行处理，数据无法实现和其他系统的共享。数据不得不多次重复录入，造成了资源的浪费和数据处理的不一致。

第二节 面向企业会计信息系统的功能结构

一、会计信息系统功能结构的内涵

(一) 会计信息系统功能结构的含义

1. 系统功能结构是指系统按其功能分层、分块的结构形式，即模块化的结构。一个系统可以划分为若干个子系统，每个子系统又可划分为若干个功能模块，每个功能模块还可以划分为若干个程序模块，等等。这样就把一个系统沿纵向划分为若干个层次，每层沿横向又划分为若干个模块，每一模块都有相对独立的功能。一个子系统对应一个独立完整的管理功能，在系统中有较强的独立性；一个功能模块完成某一管理业务，是组成子系统的基本单位；一个程序模块则实现某一项具体的加工处理，是组成功能模块的基本单位。各层之间、各块之间也有一定的联系，通过这种联系，将各层、各块形成一个有机的整体，去实现系统的目标。

2. 会计信息系统的功能结构是指从系统功能的角度出发，按照系统分析的原理，分析会计信息系统的构成及其内部联系。

(二) 会计信息系统功能设置的影响因素分析

面向企业应用的会计信息系统功能结构的设置受企业类型、规模、生产经营特点和管理要求影响。企业有制造、商品流通、建筑施工、交通运输、旅游饮食服务等多种表现形式，企业的类型不同，其经济活动内容也就不同，执行的财务会计制度也有差别。企业的规模有大有小，不同规模的企业在会计核算上的差别：首先，体现在会计工作的组织上，如是集中核算还是非集中核算；其次，也体现在会计核算的账务处理程序上，如规模较大的企业一般选择科目汇总表账务处理程序或汇总记账凭证账务处理程序，而规模较小的企业一般选择记账凭证账务处理程序。企业生产经营活动的特点，决定了会计核算的内容，也决定了会计核算信息化的功能结构。企业的管理要求是在一定的历史条件下，会计环境在具体企业中的主观体现。文化观念不同，阅历、经验、管理思想不同，会计信息的使用者的要求不同，会计核算的方法、程序就有可能不同。因此，面向会计部门应用的会计信息系统功能结构是上述各种因素综合作用的结果，实践中对面向会计部门应用的会计信息系统功能结构的划分自然也不会有统一的模式。

(三) 会计信息系统功能结构分析的意义

1. 有助于设计出高效的数据库

合理确定系统的功能结构，设计者可以充分认识各职能子系统之间的数据关系，要求有助于合理组织和使用各职能子系统所需的信息，设计出子系统需要、结构合理、存取方便、冗余度低的会计数据库。

2. 有助于提高系统的适用性和实用性

会计信息系统的变化率极高，按系统功能结构开发的会计信息系统，增加和修改维护工作也很方便，因而就提高了系统的适用性（可移植性、可扩充性、可维护性等）。同时，会计信息系统适用性影响到系统的实用性，或者说系统的生命。

3. 有助于提高系统的可靠性

按功能设计的会计信息系统的可靠性将大大提高。这是因为如果系统某一环节出现错误，仅仅影响相应的模块或子系统，恢复也相对容易，而不会对整个系统产生较大的影响。

4. 有助于提高系统的通用性

由于各企业的会计信息有很大一部分是相同的，因此按照功能结构设计使得会计核算中相同的部分在软件实现上可以通用，可以提高系统的社会效益。

二、面向企业会计信息系统功能模块

(一) 面向企业会计信息系统功能结构划分模块

面向会计部门应用的会计信息系统功能结构将划分为账务处理子系统、工资核算子系统、固定资产核算子系统、采购与应付账款核算子系统、存货核算子系统、成本核算子系统、销售与应收账款核算子系统、报表处理子系统等模块。

面向会计部门应用的会计信息系统的主要功能是进行账务处理和完成各项业务核算。在实际应用中，一般对各项业务分别设置相应的功能来完成核算任务，下面对各子系统的功能进行简单介绍。

1. 账务处理子系统

账务处理子系统是围绕凭证、账簿、报表进行处理，完成全部制证、记账、算账、转账、结账工作，生成日记账、总账以及除各模块生成的明细账之外的所有明细账。

具体来讲，账务处理主要应提供和支持以下功能：用户根据自己的需要自由定义会计科目、凭证类别、会计期间以及修改会计科目等，从而建立适合自己单位的账务处理应用环境；提供对劳动计量、时间计量和货币计量同时核算的功能；提供外币核算和核算方式定义的功能；提供严密的制单控制、随时可调用常用会计凭证和常用摘要、单据及明细账查询，以及自动生成红字冲销凭证的功能；提供严密的凭证管理、审核功能，实现标准会计凭证格式的引入、引出，完成不同站点间会计凭证的传递；提供对各种会计凭证、会计账簿的管理功能；提供自动完成月末分摊、计提、转账的功能；提供银行账、往来账、项目账、部门账的对账和管理功能。

2. 工资核算子系统

工资核算子系统完成工资的计算、工资费用的汇总和分配、计税等工作，生成工资结算单、工资条、工资结算汇总表、工资费用分配汇总表、票面分割一览表、职工福利费计提分配表、个人所得税计算表等，并自动编制机制转账凭证传递给账务处理模块。

3. 固定资产核算子系统

固定资产核算子系统能够通过自动或人工方式录入固定资产核算的原始资料；系统能够实现固定资产卡片管理、固定资产增减变动核算、折旧的计提与分配等工作，生成固定资产卡片、固定资产统计信息表、固定资产登记簿、固定资产增减表、固定资产折旧计提表，并自动编制机制转账凭证供账务处理系统调用。

4. 采购与应付款核算子系统

采购核算提供以下日常业务的核算和辅助功能：录入或导入采购订单，查询订单汇总表、采购执行汇总表、明细表、对供应商发出催货函等；处理采购入库、委托代销商品入库，同时填制相应的入库单；可以人工或自动处理采购结算；自动生成采购记账凭证，并转入账务处理模块。应付款核算帮助企业有效地管理每一笔业务的应付账款，提供分供应商和产品的统计分析；由录入或导入的单据形成应付款项，处理应付项目的付款和转账；自动生成应付项目的记账凭证，并向账务处理模块进行传递；提供对应付款项的各种查询分析。

5. 存货核算子系统

存货主要包括原材料、在制品和产成品三类。存货核算子系统应提供如下功能：及时准确地反映采购业务的发生、货款的支付及存货的入库情况；正确反映存货的收发、结存数，提供存货的库存动态情况，及时反映各种存货的积压和短缺信息，生成存货明细账、存货库存信息表等；根据各部门、各产品领用存货的情况，自动进行材料费用的分配，生成存货费用分配汇总表；自动编制机制转账凭证，传递给账务处理模块和成本核算模块。在实际应用中,也有系统根据企业会计管理的需要将采购业务的核算与存货核算合并成一个系统。

6. 成本核算子系统

成本核算与企业的生产经营特点、生产工艺过程、成本管理要求密切相关,如果这些方面不同,成本核算方法也就不同,相应地,成本核算的处理程序和功能也各具特色。但一般来讲,成本核算子系统完成各种费用的归集和分配,计算产品的单位成本和总成本,并为成本管理和利润核算提供相应的成本数据。

7. 销售与应收款核算子系统

销售核算模块一般要与存货核算中的产成品核算相联系,实现对销售收入、销售成本、销售税金、销售利润的核算。生成销售明细账、发出商品明细账、应收账款明细账、销售费用明细账、销售成本明细账、销售利润明细表以及销售收入、销售成本、销售税金、销售利润汇总表等,并自动编制机制转账凭证供账务处理子系统调用。与销售核算相联系的是应收账款的核算,该模块完成应收账款的登记、冲销工作,动态反映各客户信息即应收账款信息,还可进行应收账款的账龄分析和坏账准备金的计算与核算。

8. 报表处理子系统

报表处理子系统实现各种会计报表的定义和编制,并可进行报表的汇总和合并。该模块生成的会计报表包括对外会计报表(资产负债表、利润表、现金流量表及其附表)和对内会计报表(费用报表、成本报表等)。根据报表数据可以生成各种分析图等。目前,很多会计软件的报表子系统都做成了一个可以进行二次开发的电子表处理平台,成为人们进行报表事务处理的工具。

(二) 面向企业会计信息系统功能模块之间的依存关系

一个完整的面向部门应用的会计信息系统是由若干个模块构成的,这些模块包括账务处理子系统、工资核算子系统、采购及应付账款核算子系统、存货核算子系统、固定资产核算子系统、成本核算子系统、销售及应收账款核算子系统、报表处理子系统等。而在所有这些模块中,账务处理模块处于核心位置。这是因为:一方面,会计信息系统所提供的企业用于微观管理和国家经济管理部门进行宏观管理所需要的会计信息,都必须经过账务处理模块对已发生的交易或事项进行加工处理后才能取得;另一方面,账务处理的起点是会计凭证,从它和各模块之间的关系的角度来讲,这里的会计凭证就是记账凭证。各业务模块对原始凭证汇总处理后,编制机制记账凭证,传递给账务处理模块进行账务处理,然后再经过报表编制模块生成财务会计报告。可见,记账凭证是各业务模块和账务处理模块之间的接口,会计报表是会计信息系统和会计信息用户之间的接口。从这个意义上说,账务处理模块是面向部门应用的会计信息系统的核心模块。

（3）面向部门会计信息系统功能模块之间的数据传递关系

面向部门应用的会计信息系统是一个整体，按照系统功能结构划分的原则将面向部门应用的会计信息系统分为若干个模块是从研究和实践的角度考虑的。面向部门应用的会计信息系统各模块之间的划分是相对的，联系是绝对的。这一结论的理论依据是：首先，企业会计信息系统的对象是资金及其运动，而资金及其运动是一个整体；其次，现代会计核算信息系统的特征是复式记账，复式记账的特点就是对企业发生的交易或事项进行相互联系的记录和反映。面向部门应用的会计信息系统各模块之间的这种联系是通过数据传递联系来实现的，或者说，资金及其运动映射为数据传递联系。下面讨论的是几个有关数据传递联系的问题：

第一，数据传递联系是指一个子系统（或模块）的数据输出作为另一个子系统（或模块）的数据输入，供其加工处理，实现数据共享。数据传递联系以控制联系为前提，控制联系是数据联系的基础。所谓控制联系，是指一个子系统（或模块）的状态输出对另一个子系统（或模块）的状态、行为产生的影响。认识数据传递联系和控制联系是实现数据共享的基础，数据传递联系和控制联系的程度越高，数据共享的程度也就越高。当各个子系统（或模块）单独使用时，子系统（或模块）所需的数据都是通过人工输入计算机的，一个子系统（或模块）不能直接利用其他子系统（或模块）的输出数据。其结果是数据输入的工作量大，影响了会计信息化的程度。当人们总体考虑会计信息系统的构成时，就有可能正确处理控制联系和数据传递联系，也就提高了会计信息系统的数据共享程度。

第二，与数据传递联系相联系的概念除了控制联系之外，还有源子系统（或源模块）和目标子系统（或目标模块）概念。源子系统（或源模块）是指产生接口数据的子系统（或模块），即数据联系的起点。目标子系统（或目标模块）是指利用接口数据的子系统（或模块），即数据联系的终点。

第三，在数据传递联系中，需要阐述的另一个问题是接口数据的存储方式。由上述数据传递联系的原理可知，在数据传递中有3个要素，即源子系统（或源模块）、数据传递方向和目标子系统（或目标模块）。贯穿于三者之间的是数据及其流动，显然数据只能存储于源子系统（或源模块）或目标子系统（或目标模块）。因此，接口数据的存储方式也就有两种：一是接口数据存储于源子系统中，这种方式适用于接口数据是源子系统的主文件的情况，如产品单位成本应存储于成本核算子系统，而非产成品及销售子系统；二是接口数据存储于目标子系统中，这种方式适用于接口数据不是源子系统的主文件的情况，如工资转账凭证不是源子系统主文件数据，尽管它产生于工资核算子系统，但每月都要传递给账务处理子系统，并在其中保存。

第三节　面向企业会计信息系统的应用软件

一、主流产品的种类

会计软件产品从应用范围可划分为面向财务部门应用的会计信息系统软件产品、面向企业应用的会计信息系统软件产品、面向企业集团应用的会计信息系统软件产品和面向供应链应用的会计信息系统软件产品。而会计软件的功能应用，也从20世纪90年代随着商品化会计核算软件的不断完善和成熟以及信息技术和企业信息化的发展相适应，从核算型向管理型方向发展。

为了适应企业信息化的需求，国内软件厂商纷纷推出面向企业会计信息系统应用的ERP产品，像用友UFERP、金蝶K/3ERP、浪潮ERP、新中大和神州数码易飞等一系列ERP会计软件。国内软件厂商以其原来占有会计软件市场得天独厚的地域优势，熟悉国内企业信息化应用环境并结合多年积累的开发经验，相继在国内企业信息化应用软件产品市场占有重要的市场地位。目前，许多大型信息技术公司都在ERP的研发、宣传方面加大了投入。

二、国内软件的特征

（一）国内软件的特征

随着我国改革开放步伐的加快，市场经济的逐步繁荣，政府对信息产业的大力扶持，信息技术在我国迅猛发展，我国的软件业也在迅速成长，软件公司的队伍正在不断壮大。但从总体上来看，面向高端市场的ERP产品占的比例不多，还是以中低端ERP产品为主，而中低端ERP产品的软件开发公司又是以财务软件公司为最多。一些财务软件公司已开始由财务软件的开发转向ERP软件的开发。我国ERP软件产品主要特征表现为以下几个方面。

1. 基本功能具备

我国所开发的面向企业会计信息系统的ERP软件产品从功能上来看，包括财务管理、生产控制与计划管理、采购管理、销售管理、库存管理、人才资源管理、设备管理、质量管理等基本功能模块。有的ERP软件还增添了扩展功能。

2. 具有集成性和通用性

我国所开发的 ERP 软件的各模块之间也是相接的，具有一定的集成性。同时软件也具有一定的通用性，能适应较广的使用范围。

3. 技术手段先进

在软件开发技术上，也使用了较为先进的开发平台，支持开放系统客户/服务器结构的开发工具，并可以运行在多种系统平台上。多数软件提供与 CAD、PDM 系统的数据接口，有些软件公司已经或者准备在今后的开发中，使用一些先进的功能和技术，如支持业务流程的可视化重组，采用构件重用，应用数据流和工作流相结合的方式，开发联机分析处理工具等。

三、选型方法

面向企业会计信息系统应用的 ERP 产品选型困扰着想要使用 ERP 软件产品的企业，企业在进行 ERP 软件产品选型时，必须非常清晰地了解 ERP 产品的特点、ERP 产品的市场、ERP 产品厂商的实际背景、高素质的咨询服务以及企业的运作情况。这几方面的好坏也通常决定着 ERP 系统的实施成功与否。具体应从 ERP 软件产品的质量和成本方面对 ERP 软件产品进行考察：

第一，系统的适用性、有效性如何？系统生成数据的可靠性、系统集成的范围多大？

第二，必要的信息是否可以得到？财务状况的评估是否依赖于系统所得到的结果？

第三，投入系统的人力是否合理？对客户需求反应的时间是否合理？

第四，系统是否真正用于企业规划过程？

第五，系统投入阶段需要多大的开支？成本与收益是否令人满意？

第六，从当前状态切换到商品化软件的理想状态，需要多大的花费？维护系统费用多少？

ERP 绝对不应是一个技术名词，而更应该是管理名词。它所涵盖的内容应该是整个公司的业务环节，以及方方面面的工作层和角色。因此，我们在确定 ERP 产品的时候，应该进行 ERP 产品的调查和考核工作。目前的 ERP 产品市场则是竞争空前激烈，国内外软件厂商各显其能。ERP 产品从它在制造方面的典型应用开始，发展到现在的行业 ERP 应用，使得用户在选择 ERP 产品时更具针对性。但是应该看到，企业应用环境千差万别，即使同一地区的同行业企业的 ERP 产品都是不可采用拿来主义的，更何况是不同国家的产品。

第六章 会计信息系统的审计与内部控制

第一节 会计信息系统审计的基本内容与基本方法

一、会计信息系统审计的定义

由于信息系统审计发展很快,因此对其始终没有一个通用的定义。下面分别介绍三种比较有代表性的定义:

第一,日本通产省情报处理开发协会信息系统审计委员会于1996年把信息系统审计定义为"为了信息系统的安全、可靠与有效,由独立于审计对象的信息系统审计师,以第三方的客观立场对以计算机为核心的信息系统进行综合的检查与评价,向信息系统审计对象的最高领导层提出问题与建议的一系列活动"。该定义强调独立性的问题。

第二,信息系统审计是收集并评估证据,以判断一个计算机系统是否有效做到保护资产、维护数据完整、完成组织目标,同时最经济地使用资源。

第三,信息系统审计是一个获取并评价证据,以判断计算机系统是否能够保证资产的安全、数据的完整以及有效率地利用组织的资源并有效果地实现组织目标的过程。通过对相关信息系统审计定义的分析,我们认为,所谓的信息系统审计,是指通过对被审计单位的信息系统组成部分的审查来获取和评价审计证据,由此对信息系统的安全性、可靠性、数据的完整性以及信息系统能否经济地使用组织资源并有效地实现组织目标发表审计意见。

二、会计信息系统审计的基本内容

(一) 企业董事会和管理层关注的会计信息审计内容

应用信息系统加强内部控制的企业,应当对信息系统的有效性进行评价,包括信息系统一般控制评价和信息系统应用控制评价。企业实施内部控制评价,包括对内部控制设计有效性和运行有效性的评价。所谓内部控制评价，是指由企业董事会和管理层实施的，对企业内部控制有效性进行评价，形成评价结论，出具评价报告的过程。内部控制有效性是指企业建立与实施内部控制能够为控制目标的实现提供合理的保证。内部控制设计有效性是指为实现控制目标所必需的内部控制要素都存在并且设计恰当，内部控制运行有效性是指现有内部控制按照规定程序得到了正确执行。

一般控制评价应当着重考虑与信息系统开发有关的信息技术控制目标、程序变更、计算机运行和对数据的接触是否符合企业内部控制的要求，是否有利于企业内部控制目标的实现，并以此评价信息系统的安全性、可靠性和合理性。应用控制评价应当结合企业业务流程特点，着重考虑信息系统中与业务流程相关的控制点，并以此评价相关应用系统操作数据的真实性、准确性和合规性。

企业在内部控制评价中，应对内部控制缺陷进行分类分析。内部控制缺陷一般可分为设计缺陷和运行缺陷。设计缺陷是指缺少为实现控制目标所必需的控制，或现存控制设计不适当，即使正常运行也难以实现控制目标。运行缺陷是指现存设计完好的控制没有按设计意图运行，或执行者没有获得必要授权或缺乏胜任能力以有效地实施控制。

企业对内部控制评价过程中发现的问题，应当从定量和定性等方面进行衡量，判断是否构成内部控制缺陷。存在下列情况之一，企业应当认定内部控制存在设计或运行缺陷：未实现规定的控制目标；未执行规定的控制活动；突破规定的权限；不能及时提供控制运行有效的相关证据。

根据内部控制缺陷影响整体控制目标实现的严重程度，内部控制缺陷可分为一般缺陷、重要缺陷和重大缺陷。重大缺陷是指一个或多个一般缺陷的组合，可能严重影响内部整体控制的有效性，进而导致企业无法及时防范或发现严重偏离整体控制目标的情形。重要缺陷是指一个或多个一般缺陷的组合，其严重程度低于重大缺陷，但导致企业无法及时防范或发现偏离整体控制目标的严重程度依然重大，须引起企业管理层关注。

对于为实现单个或整体控制目标而设计与运行的控制不存在重大缺陷的情形，企业应当认定针对这些整体控制目标的内部控制是有效的。对于为实现某一整体控制目标而设计与运行的控制存在一个或多个重大缺陷的情形，企业应当认定针对该项整体控制目标的内部控制是无效的。

企业应当结合年末控制缺陷的整改结果，编制年度内部控制评价报告。内部控制评价报告至少应当包括下列内容：内部控制评价的目的和责任主体；内部控制评价的内容和所依据的标准；内部控制评价的程序和所采用的方法；衡量重大缺陷严重偏离的定义，以及确定严重偏离的方法；被评估的内部控制整体目标是否有效的结论；被评估的内部控制整体目标如果无效，存在的重大缺陷及其可能的影响；造成重大缺陷的原因及相关责任人；

所有在评估过程中发现的控制缺陷，以及针对这些缺陷的补救措施及补救措施的实施计划；等等。

（二）内部审计师关注的信息系统审计内容

信息系统审计是指由企业内部审计机构及人员对信息系统及其相关的信息技术内部控制和流程开展的一系列综合检查、评价与报告活动。该准则适用于各类组织的内部审计机构、内部审计人员及其从事的信息系统审计活动。

信息技术风险评估是确定信息系统审计内容的前提。在进行信息系统审计时，审计人员应当识别企业所面临的与信息技术相关的内、外部风险，并采用适当的风险评估技术与方法，分析及评价其发生的可能性及影响程度，为确定审计目标、范围和方法提供依据。信息技术风险是指组织在信息处理和信息技术运用过程中产生的、可能影响组织目标实现的各种不确定因素。信息技术风险包括组织层面的信息技术风险、一般性控制层面的信息技术风险及业务流程层面的信息技术风险等。相应地，信息系统审计包括对组织层面信息技术控制、信息技术一般性控制及业务流程层面相关应用控制的审计。

1. 一般控制的审计

审计人员在识别、评估组织层面、一般性控制层面的信息技术风险时，需要关注以下几方面：一是业务关注度，即组织的信息技术战略与组织整体发展战略规划的契合度，以及信息技术（包括硬件及软件环境）对业务和用户需求的支持度；二是对信息技术的依赖程度；三是对信息技术部门人员的依赖程度；四是对外部信息技术服务的依赖程度；五是信息系统及其运行环境的安全性、可靠性；六是信息技术变更；七是法律规范环境。此外，尚有其他根据特定审计目标所应关注的内容。

（1）组织层面的信息技术控制

组织层面的信息技术控制是指管理层及治理层对信息技术治理职能及内部控制的重要性的态度、认识和措施，审计人员应考虑以下控制要素中与信息技术相关的内容：

①控制环境

审计人员应关注该组织的信息技术战略规划对业务战略规划的契合度、IT治理制度体系的建设、信息技术部门的组织结构和关系、信息技术治理相关职权与责任的分配、信息技术人力资源管理、对用户的信息技术教育和培训等方面。

②风险评估

审计人员应关注组织的风险评估的总体架构中信息技术风险管理的框架、流程和执行情况，信息资产的分类以及信息资产所有者的职责等方面。

③信息与沟通

审计人员应关注组织的信息系统架构及其对财务、业务流程的支持度，管理层及治理层的信息沟通模式，信息技术政策及信息安全制度的传达与沟通等方面。

④监控

审计人员应关注组织的监控管理报告系统、监控反馈、跟踪处理程序以及组织对信息技术内部控制的自我评估机制等方面。

（2）信息技术一般控制

信息技术一般性控制是指与网络、操作系统、数据库、应用系统及其相关人员有关的信息技术政策和措施，以确保信息系统持续稳定的运行。对信息技术一般性控制的审计应考虑以下控制活动：

①信息安全管理

审计人员应关注组织的信息安全管理政策，物理访问及针对网络、操作系统，数据库、应用系统的身份认证和逻辑访问管理机制，系统设置的职责分离控制等。

②系统变更管理

审计人员应关注组织的应用系统及相关系统基础架构的变更、参数设置变更的授权与审批，变更测试、变更移植到生产环境的流程控制等。

③系统开发和采购管理

审计人员应关注组织的应用系统及相关系统基础架构的开发和采购的授权审批，系统开发的方法论，开发环境、测试环境、生产环境严格分离情况，系统的测试、审核、移植到生产环境等环节。

④系统运行管理

审计人员应关注组织的信息技术资产管理、系统容量管理、系统物理环境控制，系统和数据备份及恢复管理，问题管理和系统的日常运行管理等。

2. 应用控制的审计

业务流程层面的信息技术风险受行业背景、业务流程的复杂程度、上述组织层面及一般性控制层面的控制有效性等因素的影响而存在差异。一般而言，审计人员应了解业务流程并关注数据输入、数据处理、数据输出等方面的信息技术风险。

所谓业务流程层面应用控制，是指在业务流程层面为了合理保证应用系统准确、完整、及时完成业务数据的生成、记录、处理、报告等功能而设计、执行的信息技术控制。对业务流程层面应用控制的审计应考虑与数据输入、数据处理以及数据输出环节相关的控制活动，主要有授权与批准、系统配置控制、异常情况报告和差错报告、接口与转换控制、一致性核对、职责分离、系统访问权限以及系统计算等内容。

信息系统审计除上述常规的审计内容外，审计人员还可以根据组织当前面临的特殊风险或需求，设计专项审计以满足审计战略，具体包括信息系统开发实施项目的专项审计，信息系统安全专项审计，信息技术投资专项审计，业务连续性计划的专项审计，外包条件下的专项审计，法律法规、行业规范要求的内部控制的合规性的专项审计等。

（三）注册会计师关注的会计信息系统审计内容

在被审计单位对日常交易采用高度自动化处理的情况下，审计证据可能仅以电子形式存在，其充分性和适当性通常取决于自动化信息系统相关控制的有效性，注册会计师应当考虑仅通过实施实质性程序不能获取充分、适当审计证据的可能性。如果认为仅通过实施实质性程序不能获取充分、适当的审计证据，那么注册会计师应当考虑依赖的相关控制的有效性。

注册会计师应当从下列方面了解与财务报告相关的信息系统：①在被审计单位经营过程中，对财务报表具有重大影响的各类交易；②在信息技术和人工系统中，对交易生成、记录、处理和报告的程序；③与交易生成、记录、处理和报告有关的会计记录、支持性信息和财务报表中的特定项目；④信息系统如何获取除各类交易之外的对财务报表具有重大影响的事项和情况；⑤被审计单位编制财务报告的过程，包括做出的重大会计估计和披露。

注册会计师应按照自上而下的方法实施审计工作，自上而下的方法是注册会计师识别风险、选择拟测试控制的基本思路。注册会计师在实施审计工作时，可以将企业层面控制和业务层面控制的测试结合进行。注册会计师测试企业层面控制，应当把握重要性原则，至少应当关注以下方面：与内部环境相关的控制；针对董事会、经理层凌驾于控制之上的风险而设计的控制；企业的风险评估过程；对内部信息传递和财务报告流程的控制；对控制有效性的内部监督和自我评价。注册会计师测试业务层面控制，应当把握重要性原则，结合企业实际、企业内部控制各项应用指引的要求和企业层面控制的测试情况，重点对企业生产经营活动中的重要业务与事项的控制进行测试。

由于被审计单位利用互联网进行电子商务活动对企业原有的内部控制造成了冲击，中国注册会计师审计准则特别规定了注册会计师在进行审计时应该关注电子商务对被审计单位内部控制造成的影响。在某些情况下，仅依靠实施实质性程序不足以将审计风险降至可接受的低水平，注册会计师应当实施控制测试，并考虑使用计算机辅助审计技术。注册会计师应当重点关注与电子商务相关的安全性控制、交易完备性控制和流程整合。

内部审计师开展的信息系统审计和注册会计师需要进行的会计信息系统审计，在目的上存在显著差异。前者对组织是否实现信息技术管理目标进行综合评价，并基于评价意见提出管理意见；后者则是为财务报表审计服务，是对被审计单位会计报表的合法性、公允性及会计处理方法的一贯性发表意见。但从上面对两者审计内容的阐释来看，如果将内部审计人员进行审计的信息系统限定为会计信息系统，而非企业内部综合信息系统，那么内部审计师与注册会计师对信息系统审计的内容并无多大差异。因此，内部审计师和注册会计师审计用以实现各自目标的某些手段通常是相似的，注册会计师应当考虑内部审计工作的某些方面是否有助于确定审计程序的性质、时间和范围，有效的内部审计通常有助于注册会计师修改审计程序的性质和时间，并缩小实施审计程序的范围，但不能完全取代注册会计师应当实施的审计程序。另外，注册会计师应当对企业内部控制自我评价工作进行评估，判断是否利用企业内部审计人员、内部控制评价人员和其他相关人员的工作以及可利用的程度，相应减少本应由注册会计师执行的工作。

三、会计信息系统审计的基本方法

对会计信息系统审计而言，公司层面的审计与常规的审计方法并没有不同，会计信息系统审计方法的特色主要体现在一般控制和应用控制的审计方面。

（一）一般控制的审计方法

1. GAIT 的核心原则

核心原则之一：信息系统一般控制流程（如变更管理、调度、访问安全、操作）中的风险和相关控制点的识别应该是对自上而下的、风险基础的方法的延续，用于识别企业流程中的重要账户、账户的风险以及关键的控制点。

这一原则的基本内容主要包含以下三方面：

第一，财务报告内部控制审计。一是重要账户和场所的识别；二是与这些账户相关的企业流程、企业流程中可能导致重大错报的潜在失败点；三是防止和发现重大错报的关键控制点。

第二，GAIT 是这样一个流程：识别防止或发现重大错报的关键 IT 功能（如关的自动控制点和报告），然后是重要的应用程序（含有重要的 IT 功能和数据），随后是与重要应用程序相关的信息系统一般控制流程，之后是信息系统控制目标，保证重要应用程序中的关键 IT 功能得以持续运作。

第三，其他。在信息系统一般控制中确定关键控制点的方法，如 COBIT。

核心原则之二：需要识别的一般控制流程风险，是那些可以影响 IT 在财务上的重要应用系统和相关数据的功能的风险。在会计信息系统审计中，审计人员需要找出有可能导致财务报表重大错报的信息系统一般控制的风险。自上而下的方法包括识别企业流程和相关关键控制中的潜在失败点。当依赖 IT 功能（如有重要财务数据时，依赖自动的关键控制或报告）时，该应用程序就要考虑财务重要性，就需要指出信息系统一般控制流程中的功能缺陷风险。

核心原则之三：需要识别的一般控制的风险存在于信息系统的应用程序代码、数据库、操作系统和网络4个层次之中。信息系统一般控制流程在信息系统的应用层、数据层（包括相关的结构，比如各数据库的模式）、操作系统和网络基础4个层次进行。财务会计的重要应用程序和数据的可靠性风险可以通过IT基础各层的信息系统一般控制流程进行评估。例如，评估应用程序代码层的变更管理流程风险，或数据层的管理流程安全性风险。

核心原则之四：一般控制流程中的风险可以通过实现IT控制目标来降低，而不是通过某个控制点来降低风险。信息系统一般控制流程中的控制与财务报表的重大错报风险不是直接相关的。信息系统一般控制保证相关的信息控制目标得以实现。这些控制目标又保证企业流程中的关键控制点要求的IT功能得以持续地发挥。企业流程中的关键控制点用以防止或发现财务报表的重大错报。因此，先识别相关的信息系统控制目标就非常重要，只有当它们被定义时，信息系统一般控制中的关键控制点才能被识别。这些关键信息系统一般控制点可以满足信息系统控制目标，而有些信息系统一般控制的控制点可能不是很重要，除非它们在识别信息系统控制目标时被用到，否则就不需要对其进行评估和测试。

2. GAIT的实施步骤

（1）识别关键IT的功能，在必要时进行核实

首先应检查会计业务流程中的关键控制点，并确定哪些是自动运行的，哪些是手工完成的，然后列出需要依赖信息系统关键控制点的目录。在以下的第二步骤中，使用此目录去识别对财务报表有重要影响的应用程序

（2）识别需要测试的信息系统一般控制的重要应用程序。

一旦确定了关键IT功能，就能识别出对财务报表具有财务重要性的应用程序。具有财务重要性的应用程序是具有潜在一般控制流程风险的程序，因为它们包含关键信息系统功能或数据。这些程序需要进行测试，以评估一般控制流程的风险。对于基于关键信息系统功能的，但在财务上不重要的应用程序，这只是一个附加的步骤。

（3）识别信息系统一般控制流程的风险和相关控制目标

这是GAIT方法的核心，主要完成2项工作：一是获取每个具有财务重要性的应用程序的其他信息；二是评估每个具有财务重要性的应用程序的一般控制流程风险。在这一步骤中，需要填写GAIT矩阵或者GAIT模板。

（4）识别满足控制目标的关键信息系统一般控制

所有风险和相关信息系统控制目标确定之后，就能够确定一般控制中的具体关键控制

点。这时需要借助信息及相关技术控制目标框架来完成该项工作，通过 COBIT 来识别 GAIT 确定的信息系统控制目标所对应的关键控制点。这个步骤主要完成评估信息系统一般控制的存在性，选择可以信赖的关键控制并进行测试等 2 项工作。

（5）由合适人员进行检验

一个严格的信息系统一般控制程序风险的评估也许会导致与以前的评估相比起来识别出的风险较少，所需要的关键信息系统一般控制相对较少。这并不意味着 IT 没有控制，这只是表明基于风险的视角，那些风险也许不在测试范围之内。

3. 记录 GAIT 的结果

我们可以利用 GAIT 矩阵或者 GAIT 模板来记录 GAIT 的结果。

（二）应用控制的审计方法

在业务流程层面，应用控制被用于具体的业务活动，来实现财务报告目标。多数的业务流程是自动化的，并且与会计信息系统相整合，使得大多数的应用控制都可以实现自动化。自动化的应用控制仅仅用于它们所支持的业务流程。它们是在应用系统中用于预防或者检测未经授权的交易，支持财务目标（包括交易的完整性、准确性、授权和存在性）。

针对自动化的应用控制进行审计，主要采用标准测试法。一个应用控制要能够自动运行，在设计的时候，需要根据相关风险评估的结果来制定一个控制的标准，其后的所有流经该控制的业务都是按照该标准来进行控制的。一般来说，在下列条件得到满足的前提下，在审计中可以采用标准测试法：

第一，支持该应用控制的相关应用部门被确定。

第二，相关应用控制的设计是合理的。

第三，在整个会计期间，相关的应用控制并没有发生变化。

第四，最近的应用控制测试确认了其运行的有效性。

第二节　会计信息系统内部控制

一、会计信息系统内部控制的理论解读

（一）会计信息系统内部控制的内涵

控制是降低或消除风险的活动，是企业管理的一种重要手段。古典的管理观认为，控

制就是检查，其目的在于指出缺点和错误并加以纠正，从而使之不再发生。但是，现代管理观却认为控制不是单纯的限制，而是一种结合个人和企业的目标来帮助人们达到其目的的手段。对一个企业来说，控制有内部和外部两种。外部控制通过企业所在地区和国家的法律、法规及规章制度，与历史文化和社会意识形态诸因素相结合，影响着企业经营目标的确定，约束着企业的经营行为。企业内部控制则是一个具有自我组织、自我调节功能的系统，由多个子系统构成，具有自己的目标，并不断与企业目标相一致。

内部控制是由企业董事会、经理阶层和其他员工实施的，为公司资产的保护、公司运营效率的提高以及保证财务报告的准确可靠性、相关法令的遵循性等目标的实现而提供合理保证的过程。

会计信息系统内部控制是指在会计信息系统设计时，为确保会计数据信息的正确性、可靠性、安全性，而采取的一些标准化控制措施和相应的技术措施。标准化措施是指规定的管理法规和操作制度，着重于人与运行规程的控制；技术措施主要是指与会计信息系统相关的硬件和软件技术措施。

（二）会计信息系统内部控制的重要性

如果会计信息系统的内部控制有漏洞，往往会造成比手工系统更严重的损失，因此会计信息系统保持良好的内部控制就显得极为重要。

第一，确保会计信息的准确性、及时性和完整性以及信息得到有效利用。企业各级管理部门对会计信息系统所产生的会计信息的依赖性增大，而这些信息的准确性和可靠性在很大程度上取决于系统内部控制状况。电算化程度越高，信息使用者对电算化信息的依赖性越大，内部控制决定信息质量的程度也越大。同时，系统产生的会计信息日益增多，信息的有效利用也需要完善的控制过程。

第二，维护企业各种资源的安全。企业实现电算化以后，系统资源本身即构成企业的一项重要资产，企业财务状况和经营成果受系统资源的安全性、效率性的影响加大。为保证企业各种资源的安全与完整，有必要通过内部控制的手段加强系统资源的管理和运用，从而提高企业资产运营效率。

第三，会计信息系统为企业带来了巨大效益的同时，也潜藏着造成巨大损失的风险建立与加强会计信息系统的内部控制是保证系统质量、降低系统运行过程中的风险的必要手段。风险主要有：①系统功能与用户需求不一致，在开发会计信息系统阶段，系统开发一般由用户提出具体要求，由计算机专业技术人员进行相应的设计，由于用户和设计人员之间理解上的障碍，使设计出来的系统往往不能很好地满足用户的需要，影响系统的功能及目标的实现；②数据安全性较差，会计信息系统中数据处理和存储有高度集中的特点，因此数据的存储和管理往往存在许多风险。例如，系统操作人员在运行系统时可能无意破坏了数据，而系统外部人员则可能窃取系统数据或肆意破坏系统，导致数据混乱或丢失；③计算机犯罪，随着计算机在会计领域应用日益扩展，尤其是在银行金融会计领域，利用计算机进行犯罪的案件随之出现。计算机犯罪的主要手法是非法调用和篡改数据或程序。

对会计信息系统来说，如果缺乏有效的内部控制，就可能出现非法人员调用和篡改程序，使数据失真甚至给企业带来巨大经济损失的现象。计算机犯罪具有活动时间短、不受地理位置限制等特点，造成的危害大、隐蔽性强，因而给系统带来了巨大的潜在的威胁。

（三）会计信息系统内部控制的类型

从控制的时间维度分，会计信息系统内部控制可分为预防性控制、检测性控制、纠正性控制；从控制的对象维度分，可分为治理控制、管理控制、技术控制；从控制的手段分，可分为手工控制、自动化控制、混合控制。不同类别的控制之间存在一定的映射关系。

1. 预防性控制、检测性控制、纠正性控制

预防性控制用来预防错误、遗漏，或者预防安全事故的发生。例如，简单的数据编辑中，组织字符型数据输入数值型字段，用来保护敏感数据或者系统资源不被未经授权的人员所访问。此外还包括一些复杂的和动态的技术控制，如防病毒软件、防火墙和入侵阻止系统。

检测性控制用来检测那些逃避预防性控制的错误或者事件。例如，一个检测性控制可能识别很少使用的账户，或者被标记为用于监控可疑活动的账户。检测性控制也可以通过监控和分析来发现那些超越授权限制的活动或者事项，或者违反数据中的已知的模式。对于敏感性电子通信，检测性控制可以指出某个信息已经被破坏，或者发送者的安全身份证明不能被证明是有效的。

纠正性控制是在错误、遗漏或者事故被检测出来的时候，就对其进行纠正。例如，纠正数据输入错误，从系统或者网络中识别并移除未经授权的使用者或者软件，从事故、终端或者灾难中恢复。通常情况下，尽可能在接近错误发生的地方预防或者检测它们。这些纠正流程也应该从属于预防性控制和检测性控制，因为它代表着另一个错误、遗漏或者篡改的机会。

2. 治理控制、管理控制、技术控制

董事会层面对于内部控制的主要责任在于它作为治理框架的看门人的角色。治理控制是由全体董事会成员或者董事会与企业的执行管理层一起委托或者控制的。这些控制与公

司治理概念相关联，由企业目标、战略和外部利益相关者（如监管者）共同推动。

管理层对内部控制的责任通常要延伸到企业的所有领域，特别关注的是对企业至关重要的资产、敏感信息和经营职能。因此，董事会和管理层之间的紧密配合是必要的。管理层必须确保信息系统内部控制能够得到执行，并且要确保这些控制的可靠性和持续有效性。这些控制的部署是作为管理层深思熟虑后所采取的行动的结果，其目的在于识别与企业及其流程和资产相关的风险，据此制定相应的机制和流程来减缓并管理这些风险。

治理控制和管理控制之间的显著区别在于，前者重在方向引导和监督管理，而不是管理层所设计并实施的实际控制活动。例如，董事会的审计委员会并不做审计，但是它却对企业内部和外部的审计进行监督。

技术控制具体针对的是 IT 基础设施中所使用的技术。在信息系统中，实施那些基于信息的制度的自动化技术控制能力，是企业的一项重要的资源。技术控制所获取的证据最直接、最及时，它是企业内部其他所有控制可靠性的基础。例如，通过技术控制进行保护，防止未经授权的访问和入侵，提供了作为对信息完整性依赖的基础。

3. 手工控制、自动化控制、混合控制

手工控制不需要应用系统或者其他任何技术系统的帮助就可以执行。例如：管理控制；书面授权，比如在一个账单上签字；手工工作，比如将采购单与商品发票报告进行核对。手工控制易受人类错误的潜在风险的影响，因此通常被认为是不太可靠的。

自动化控制是由计算机来执行的，它们通常根据设计类运行，而且不会受到间歇性错误的影响。例如，输入编辑账单来验证订单质量，或者在自动化的采购系统中进行控制配置，以确保只有超过事先配置条件的订单才能够进入系统。自动化控制的优点在于以下几个方面：

（1）提升可靠性

自动化控制比手工控制更加可靠。人工控制出错率较高，而且还掺杂了较多的主观成分。自动化控制则不然，一旦应用控制已经建立并测评通过，在后续运行中，只要控制没有发生变化，企业就可以信赖它。

（2）控制标准的刚性

自动化的控制需要依赖事先设置好的控制标准，这些标准在执行流程中是具有刚性的，超出标准的所有情形都会被视为违反内部控制规则。因此，审计人员在评价自动化控制时，只要其控制参数与上一期评测相比较没有发生改变，就可将该项内部控制视为有效。

（3）节约时间和成本

自动化控制的有效性依赖于相关的一般控制，只要这些一般控制有效，对自动化控制的测试只须进行一次;同时,借助自动化工具可以在较短的时间内,以较低的成本完成该项控制测试工作。

混合控制又称为基于IT的手工控制,它是由手工和自动化流程组合而成的。信息系统所生成的报告是最为常见的混合控制形式,因为它们提供了用于管理层复核的数据。例如,对应收账款的评价由应收账款经理每月根据合理性的账龄来进行分析。在这个例子中,从应收款系统中生成一个报告(自动化的流程),然后评价其合理性(手工流程)。因此,自动化的流程(报告生成)和进行合理性的评价(手工流程)都是进行应收账款评价所必需的。

(四)会计信息系统的一般控制和应用控制

1. 会计信息系统的一般控制

一般控制也即整体控制。实施一般控制的目的是确保信息系统的开发、实施、运行能在有序的、被控制的状态下进行。一般控制作用于所有的信息系统,成为围绕信息系统的保护层。最里层的是一个具体的信息系统(模块)的应用控制。

(1)高层管理控制

随着企业信息化的不断深入,信息系统已经成为企业提供有竞争力的产品和服务的一项基础设施。因此,为保证信息系统的有效运行,必须全力做好信息系统的管理控制工作。首席信息官应通过下列手段对信息系统进行管理控制:

第一,规划。规划工作建立一个组织的信息系统的目标。

第二,组织。筹集、分配实现目标所需的人、财、物资源。

第三,控制。对信息系统实施总体控制,如确定系统所需费用,分析系统可创造价值,控制系统人员的业务活动等。

(2)系统开发与维护控制

系统开发与维护控制是对新系统的分析、设计、实施以及现有系统的改进与维护实施的控制。具体包括以下3个方面:

①系统开发控制

如有可能,内部审计人员应参与系统开发,除对开发过程进行监督,更重要的是促使技术人员完善系统中应当嵌入的内部控制措施和审计功能。

②系统维护控制

系统维护往往会"牵一发而动全身",程序、文件、代码的任何修改都是非同小可的事情。因此必须严格控制,一切维护活动都必须得到授权与批准。

③系统档案控制

系统档案是系统开发留下的痕迹，是系统维护的指南，是开发人员与用户交流的工具。系统档案必须妥善保管，并采取措施确保文档的一致性和文档分版本存档。

（3）数据资源管理控制

数据库中的数据是企业的重要资源，数据库的正确使用及数据的完整性、安全性是整个信息系统运行和为企业提供决策的重要环节。因此，对其应实施下列控制：

①访问控制

首先，通过密码和身份鉴别对访问数据库的人进行限制；其次，通过权限设置对数据库数据的访问范围进行限制。

②建立数据备份和恢复制度

软、硬件故障，操作失误，人为攻击都会影响数据库中数据的正确性，甚至全部丢失，因此，必须设定和实施适当的后援和恢复策略，一旦发生故障，可在最短时间内恢复数据库的正常状态。

（4）质量管理控制

为了确保信息系统达到特定的质量目标，信息系统的开发、实施和维护应遵守一系列的质量标准。因此，国外的一些组织中出现了信息系统质量保证角色，如信息系统审计。所谓信息系统审计，是指审计人员接受委托或授权，搜集证据并评估证据以判断一个计算机系统（信息系统）是否做到有效保护资产、维护数据完整并最有效率地完成组织目标的活动过程。它既包括信息系统外部审计的目标，即对信息系统安全性及数据完整性的鉴证，又包含内部审计的管理目标，即对信息系统有效性的鉴证。信息系统质量保证机构的职能包括：制定信息系统的质量目标；制定、发布和维护信息系统标准；监控质量标准的执行情况；识别应当改进的方面；向管理者定期报告各项标准的执行情况等。

（5）安全管理控制

安全管理控制的目的是确保信息系统的硬件、软件和数据资源受到妥善保护，不因自然或人为因素而遭到破坏，使信息系统能够持续正常地运行。安全管理控制包括以下内容：

①设备安全控制

设备安全控制是指保护信息系统硬件（附属设备以及存储数据的载体）不受人或自然因素的侵害而实施的控制。比如，合理选择机房场地、制定磁介质存储载体的保管办法、制定突发事件应急预案和购买保险等。

②软件安全控制

选择并安装安全可靠的操作系统和数据库管理系统等正版软件，严格按操作规程运行软件，对整个系统所用到的所有软件都要登记造册，进行妥善、安全的保管，并建立可靠的备份机制。

③数据安全控制

数据安全控制是指系统中的数据不能丢失，不能被破坏、篡改和盗用。数据安全涉及信息系统中的硬件、软件、运行环境、计算机犯罪、计算机病毒、计算机系统管理等诸多问题。

④系统入侵防范控制

为了防止外来非法用户入侵本组织的网络应用系统，可采用两种措施：

第一，建立防火墙。为了有效防范外来非法用户入侵本组织的网络应用系统，可设置防火墙。防火墙能够过滤每个进入内部网的信息包，以保证其来源是经过授权的。具体方法是通过IP地址过滤，经授权的访问者的IP地址存放在由网络管理员保管的访问控制列表中。对于每次来访的信息包，都要先查其IP地址是否在控制列表里，如果不在则拒绝访问，从而挡住了一次非法入侵。

第二，设置代理服务器。企业内部网使用的另一种安全设备是代理服务器。代理服务器作为所有流出请求信息的过滤器，所有访问公司外部地址的请求都被发送到代理服务器，然后代理服务器分析每一个请求，以判断它是否由有权限的人发往互联网上的经授权的站点。因为被授权的个人或站点名单已登录在控制列表中，如果请求合法，他会被代理服务器通过，否则请求会被拒绝。代理服务器可用于相反的方向，过滤流入的请求，从而阻止对企业内部一些特定区域的访问。

（6）信息系统外包管理控制

由于信息系统更新换代的周期短，信息系统工作人员的流动性高，人工费用与设备维修费用十分昂贵，因此，近年来在发达国家出现了利用外包信息系统资源的方法，简称"外包"。外包是指组织只专注于自己的特定业务，而将相关的信息系统业务承包给外部的信息服务机构。通过外包，企业可以提高对信息技术、信息人才的利用效率，显著降低信息系统的运营成本，使企业可以将自己的力量集中于其核心竞争优势方面，更加集中于实现企业的战略目标。

外包必须由特定的人员来负责监督控制，主要有：不断评价外包商的财务能力；监督外包合同条款的执行；通过要求外包供应商定期提供一个第三方的审计报告或由客户的内部审计人员和外部审计人员定期审计其控制，对外包商控制的可靠性进行监督，确保外包商提供安全可靠的信息系统资源；建立外包灾难恢复控制，并定期评价这些控制，如果外包商发生灾难事项，客户也应设计自己的灾难恢复程序。

（7）运行管理控制

运行管理控制是针对信息系统中硬件和软件设施的日常运行而实施的控制。其主要包括以下内容：

①计算中心进入控制

设立安全入口、使用身份胸牌、实施进入签名制度和使用监视器对进出人员录像等。

②计算机操作控制

许多信息系统是人机系统，系统运行分为人工操作和程序自动操作两部分。对于人工操作的活动，则通过一系列操作规程和严格的操作说明书加以控制。

③文件服务器控制

文件服务器必须安放在安全地带，选择觉悟高、诚实可靠并有丰富经验的高级管理员实施操作管理，对文件服务器的访问严格限制在经过授权的客户。

④硬件设备维护控制

管理层必须对维护人员的背景进行审查，有劣迹者禁止聘用；有条件时对维护人员应该实行岗位轮换；实施维护时，最好将敏感数据和程序从机器中移走；维护人员必须签署不泄密的承诺协议书。

⑤文档资料保管控制

文档要安全存储，充分备份；只有经授权的人员才可访问文档；文档借阅必须登记；文档载体要及时更新；存储媒体如磁带、磁盘、光盘等应存放在一个安全、无尘、防火、防潮、防磁、可上锁的房间里。

⑥软、硬件性能监控

系统管理员应制订系统软、硬件性能监控计划，并按计划定期检查，测试软、硬件平台的性能。

2. 会计信息系统的应用控制

会计信息系统的应用控制应结合具体的业务，但由于会计数据处理都是由输入、处理和输出3个阶段构成，所以一般将会计信息系统的应用控制分为输入控制、处理控制和输出控制。会计信息系统的应用控制由手工控制和程序化控制构成，但以程序化控制为主。

（1）输入控制

会计信息系统的数据处理速度快、准确性高，但如果输入的数据不准确，那么处理结果也必然是错误的。对会计软件来说，必须具有必要的防范会计数据输入差错的功能，只有具备这一功能，才能使系统所接收的数据都经过严格审核检验，准确地为机器所接收。

①数据采集控制

在数据输入计算机可读的介质之前,有一个获得原始数据的过程,这个过程就是数据采集过程。数据采集控制的目的在于确保输入数据在合理授权或审批的基础上合法、正确地编制,完整地收集,安全地传递。由于数据采集直接影响到系统输入的质量,因此需要加强在用户规程手册、标准化凭证格式及保管、凭证审核及交换、凭证错误更正等方面的控制。

②数据输入控制

数据输入控制:一是防止输入时的遗漏或重复;二是检查数据中是否仍然存在错误。目前,会计信息系统的输入多采用手工编码和键盘输入的方式,这项工作既繁重又容易发生错误。因此,手工编码和键盘输入是控制的重点。

(2) 处理控制

数据输入计算机后,按照预定的程序进行加工处理,在数据处理过程中极少人工干预,一般控制和输入控制对保证数据处理的正确和可靠起着非常重要的作用。但是针对计算错误、用错文件、用错记录、用错程序和输入数据错误在输入过程中没检查出来等情况,还必须在处理过程中设置处理控制。这些处理控制措施大都为纠正性和检查性控制,而且多是程序控制。

处理控制的目的是要保证会计信息系统的处理按照各个模块所预先设定的程序进行,这些处理活动必须经过授权,所有经过授权的处理都被会计信息系统进行过而没有遗漏,任何未经授权的处理都没有进行过。这在整个处理的过程中是正确的、及时的、有效的。

处理控制的内容一般包括以下几个方面:

①业务时序控制

会计业务数据处理有时序性,某一处理过程的运行结果取决于若干相关条件过程处理的完成,所以可以在程序中增加业务时序控制。例如,凭证输入计算机后不经审核直接记账,系统程序不予处理。

②数据有效性检验

要保证所处理的数据来自正确文件和记录,可采取的控制措施主要有:第一,文件标签校验,它是指在处理数据文件之前,操作员要认真检查文件的外部标签,确认所要处理的文件,计算机在对数据文件处理前,检查文件的内部标签,外部标签的设置是手工控制,内部标签属于程序化控制;第二,业务编码校验,它是指业务数据文件包含各种类型的业务数据,业务类型可由业务编码识别,在应用程序中,先读出业务编码,以决定由相应的程序处理,业务编码校验控制可提高程序处理不同业务的准确性;第三,顺序校验,它是指应用程序通过比较每一项业务或记录的主关键字与前一项业务或记录的主关键字来检查文件记录是否有错误，防止因使用错误的文件或出现排序与合并错误而导致的业务记录丢失。

③程序化处理有效性检验

硬件、系统软件或应用软件的错误可能导致数据处理的错误，发现数据处理错误的有效性检验方法是：第一，计算正确性测试，它是指可以采用重复运算的方法，即重复进行同一计算，比较计算结果是否一致，也可以采用逆向运算、溢出测试（如检测计算结果是否超过确定的数据项长度）等方法来发现运算中的逻辑错误；第二，数据合理性检验，它是指在数据处理前，首先预测处理结果，随后将处理结果和预测结果做比较，通过比较结果来分析数据处理是否正确。

④错误更正控制

根据错误处理的方式建立相应的控制。对于数据有效性检验发现的错误，将错误数据先写入待处理文件，更正后再与同批或其他批次业务数据一起输入、处理；对于处理过程结束后发现的错误，不能采用直接删除原有错误记录的方式，要输入两次数据更正错误，一次输入冲销原有的错误，一次输入正确的数据。应设置专门的控制日志，记录错误的传递、更正与再输入情况。

⑤断点技术

断点是由一条指令或其他条件所规定的程序中的一个点。断点技术是指在这个点上，程序运行能被外部干预或为监督程序中断，程序运行中断以后，可以直观检查、打印输出或进行其他分析。在断点处可以通过计算，发现错误可能出在程序运行的哪一个环节，从而及时更正错误，并从断点开始继续处理数据。

⑥数据合理性检查

它是指可以将余额合理性标准编入程序。一般来说，在借贷记账法下，资产类账户余额在借方，负债及所有者权益类账户余额在贷方，通过这些标准，可以检测数据处理是否合理。此外，还可根据试算平衡原理编制程序，对全部账户的期末余额和本期发生额进行检查，一旦发现不平衡，即说明处理有误，应进行查找和更正。

⑦平衡及钩稽关系校验

在会计信息系统的账和表中存在着多种平衡及钩稽关系。在总分类账或者明细分类账中，存在着一个基本的关系：期初余额+本期借方发生额-本期贷方发生额=期末余额。关于存货类，其基本关系为：期初库存+本月增加库存-本月减少库存=期末库存。有些报表项目之间存在着钩稽关系，这些关系可能是等于、大于或者是小于关系。例如，资产负债表中"未分配利润"项目与利润分配表中"未分配利润"项目有对应关系，数额应一致；利润分配表中"净利润"项目与损益表中"净利润"项目"本年累计数"有对应关系，数额应一致。在登账和报表填制完成以后，可以利用上述的平衡和钩稽关系进行检查。如果这些关系不成立，则表明处理中存在着错误。

（3）输出控制

输出是系统数据处理的最后结果，对输出进行控制的主要目的：一是要验证输出结果的正确性；二是要保证输出结果能够及时地送发到授权人员手中。输出控制主要指对输出数据的检验和对输出资料的管理控制制度。输出控制一方面要由硬件设备的正常运行来保证，另一方面着重强调的是数据的输出。

输出控制方法包括以下几种：

①按照用户要求设计输出的格式、方式、内容、时间等。

②对输入总数与输出总数加以核对。

③审核输出结果，检查其正确性、完整性。

④将本期的输出与先期的输出对比，检查其合理性。

⑤若是既有手工处理又有计算机处理，那么可以比较两种处理方式的结果。

⑥只将报告送有权接受者。

⑦输出的资料文件应该有专人负责收集管理、保管和分发，并建立输出报告报送登记簿，记录报告发送份数、时间、名称、编号、接受人等事项，以防错发、漏发和多发。

⑧建立输出控制规程，保证控制人员遵照执行。

⑨建立输出错误纠正规程和对重要数据进行处理的规程。保证传送给用户的错误数据能得到纠正，并重新向电子数据处理部门提交数据进行处理。

输入、处理、输出是计算机数据处理过程中有着内在联系的3个环节，从控制的角度来看，一个环节上的控制会影响到另外2个环节的控制的作用。控制的有效性是从整体着眼，从具体的控制手段着手，无论是内部控制的设计还是评价都应如此。从审计的角度看，应用控制中一个重要的问题是建立审计的线索，没有足够的审计线索，应用控制本身的质量就会受到严重的影响。

二、会计信息系统内部控制的完善

（一）会计信息化条件下我国企业内部控制存在的问题

1. 对会计信息化内部控制缺乏了解

一是对内部控制运行的环境缺乏了解，尚未建立起内部控制的文化，对内部控制制度认识不足。对企业尤其是大型企业来说，内部控制不仅是财会部门和审计部门的事情，更需要的是所有部门的全员参与。某些企业在会计信息化改革的过程中未对各部门之间进行明确分工，相互推诿的情况层出不穷，阻碍了内部控制的有效运行。

二是对内部控制在信息化条件下的变化缺乏了解，部分企业对会计信息化可能给企业内部控制带来的影响并不了解，对这样的环境下内部控制应发生怎样的改变缺乏明确的目标，也就使得会计信息系统的应用无法达到预期的效果，究其原因是忽视了会计信息化改革可能给内部控制带来的影响。随着会计信息化改革的深入，企业内部控制将面临更多的影响因素，如果企业不寻求改变、不采取措施加以防范，将给企业带来意想不到的负面结果。

2. 会计数据处理将面临新的挑战

一方面，原始数据操作方面存在不少问题，信息化环境下，企业对数据的录入与核对工作有待进一步强化。虽然从表面上看，会计信息化使企业对原始数据的处理流程看似无懈可击，但其中仍存在诸多的风险和隐患。例如，后续数据的真实性取决于前期数据录入的准确性，一旦原始数据录入出现偏颇，将使企业后续基于该数据的结论缺乏可信度，同时由于会计信息化环境下，数据录入呈自线型结构，各部门仅对自己的数据进行审核，缺乏有效的沟通和反馈，忽略会计本身的整体性，一旦出现问题将出现相互推诿的现象，难以建立员工对原始数据的责任心，加大了内部控制的难度。

另一方面，责任高度集中于信息化软件系统，一旦信息化软件出现问题，整套系统的运行就会受到质疑，甚至造成系统的崩溃，可能给企业带来不可估量的损失。在会计信息系统安全性与兼容性等问题尚未解决前，企业内部控制将面临失灵的风险。此外，在内部控制分散或内部控制不足的企业中，各部门岗位之间缺乏有效的沟通和协作机制，会计信息系统实施后，各部门各司其职的现象将更加明显，企业会计数据和账务信息无法真正明晰起来，内部控制活动也无法有效开展，职责不清的现象将更加严重。

3. 信息数据安全性下降

与传统会计电算化相比，在会计信息化环境下，会计信息更易于被篡改和伪造，即会计信息化加快了会计信息存储无纸化的进程，企业会计数据和账务信息更多的是保存在计算机系统中，一旦被篡改将变得难以被察觉，从而给企业内部控制带来了较大的难度。因此，在这样的环境下，信息化数据的安全性和稳定性也就较差。

4. 内部控制下业务流程混乱

对职能部门来说，如采购部门，在会计信息化条件下，采购单据和支付单据之间可能存在时间差，导致信息不对称问题，就容易出现账账不符或账物不符的情况。对生产部门来说，各部门逐笔将货品登记入库，记录账务，最后按每月的时间节点汇总至财务部门，录入会计总账,在这样的流程中,如果账务出现问题,财务部门将无法第一时间发现并予以纠正,唯有月末才能进行查找和修正。因此,会计信息化环境下,企业的财务信息共享将产生信息延迟和信息不对称的问题,从而导致企业内部控制流程混乱。

(二) 我国会计信息化条件下完善内部控制的路径

1. 完善企业内部控制环境

(1) 组织结构调整

信息技术的引入使管理幅度增大、层次减少,高耸型的组织结构逐渐趋于扁平。同时,网络使内、外部人员进行更多的沟通,内部控制中命令与控制向集中与协调转变。因此,必须进行组织结构调整才能更好地进行内部控制。企业应通过组织结构调整,建立恰当的组织机构和职责分工制度,并通过部门设置、人员分工、岗位职责的制定、权限的划分等形式进行控制,从而达到相互牵制、相互制约、防止或减少舞弊发生的目的。应设立会计岗位和系统管理岗位。会计岗位负责基本的核算及档案管理等工作;系统管理岗位负责会计信息系统的操作、管理、维护等工作。岗位的设置应遵循不相容职务分离的原则,使不同岗位之间相互监督、相互制约,以达到控制的目的。

(2) 培养管理人员的内部控制观念和信息观念

管理者的观念在很大程度上决定了企业的内部控制制度能否顺利实施,也大大影响着内部控制的效率和效果。在会计信息化条件下,应该注重培养管理人员的内控观念和信息观念,理解企业信息化建设、内部控制和企业发展的关系。随着企业流程重组和组织结构变革,管理人员必须更新观念,有效实施内部控制制度,注重管理实效,对企业进行现代化管理。

(3) 加强董事会的建设,发挥董事会的作用和职能

企业应当以董事会作为内部控制系统的核心,加强董事会建设,发挥董事会的作用和职能,完全履行其监控、引导和监督的责任,完善内部控制环境,保证内部控制的有效运行。

(4) 重视对人员的选择、使用和培养

信息时代同样是知识经济时代,企业的发展将主要依靠科技、知识和人才。因此,企业管理者重视人才的选择和培养,成为内部控制中的重要组成部分。企业应具有完善的招聘与选拔方针及操作程序;对新员工进行企业文化和道德价值观的导向培训;制定合理的奖惩制度,据以对违反制度的员工进行处罚,对业绩良好的员工进行奖励。同时,还应避免诱发不道德行为,促使员工进行正当竞争。

2. 建立良好的控制活动

一是利用信息技术进行内部会计控制，会计信息化环境下，财务部门对计算机产生的会计信息依赖性越来越大，企业只有严格控制这些数据才能保证财会信息的真实性和完整性，这又必须依赖于信息技术，通过信息技术加强内部会计控制，以确保会计数据的精确性、完整性和合法性，防范错误的信息和报告。

二是实现业务流程与系统的整合，利用信息技术进行工作流程再造，同时在流程再造基础上设计会计信息系统，实现二者的有效整合，针对企业内部控制的关键环节和薄弱环节，建立完整、规范的财务管理流程和制度，以适应信息化对企业会计工作的影响。

三是利用信息技术提升内部会计控制系统的预防性功能，通过信息技术实现实时监控人员的工作和运作程序，打破传统上检查性的控制模式，将信息技术嵌入内部控制系统中，弥补事后控制的弊端。

四是加强软硬件与网络系统安全的控制，引入安全稽核机制，建立网络安全"防火墙"，用预先制定好的规则控制会计数据的进出，防止会计数据被非法篡改，为企业会计信息化内部控制提供一个完善的内部控制环境。

3. 加强内部审计

设立内部审计部门，定期或不定期地对企业的会计信息系统进行审计。会计信息化的应用给内部审计提出了更高的要求。内部审计应包括：对会计资料定期进行审计，检查会计信息化系统账务处理是否正确；审计计算机内数据与书面资料的一致性；监督数据保存方式的安全、合法性，防止发生非法修改历史数据的现象；对系统运行各环节进行审查，防止存在漏洞等。

4. 加强法制建设

会计信息化的运用使企业对会计数据的处理更迅速、更高效，为企业管理带来了方便，同时也增大了高科技犯罪的可能性。为了防止犯罪的发生和保护企业的利益，制定专门的法律法规是很有效的手段。首先，应明确哪些行为属于舞弊行为，并规定相应的惩处办法；其次，必须明确会计信息系统中的硬件、软件、数据等都受到法律的保护。

会计信息化的运用将对企业的内部控制产生很大的影响，但是会计信息化在我国的发展中也存在种种问题，是一柄"双刃剑"，它在促进我国企业增强内部控制的同时也产生了很多新的待解决的问题。因此，必须加强对会计信息化和内部控制的互动联系的研究，直至将问题最小化，只有这样才能促进我国会计信息化和内部控制的良性发展。

第七章 会计信息化后的管理

第一节 会计信息化组织及岗位

一、会计信息化工作组织的要求

会计信息化后，会计人员的分工和职能有所变化。正确组织会计信息化工作，对于完成会计任务、发挥会计在管理中的作用具有重要的意义。会计信息化总的职能未变，由于会计数据处理工作由计算机完成，会计人员的主要工作是收集会计数据，参与经营管理与经营决策。会计信息系统是一个人机系统，从使用角度讲，人要录入数据和进行设备的维护与管理；从软件设计角度讲，要增加软件设计方面的人员。因此，根据会计信息化工作的特点，要做好会计工作，必须根据本单位实际情况建立专门的会计信息化机构或有关岗位从事会计信息化工作，使会计信息化工作得以顺利开展。

对基层单位来说，除了要按国家对会计工作的统一要求来组织会计工作外，还应注意以下要求：

第一，既要考虑会计信息化工作的特点，又要按单位生产经营管理的特点来组织会计工作。对会计信息化人员、会计业务人员的配备，都必须结合本单位业务的特点和经营规模的大小等情况做合理的安排。

第二，对会计机构的设置、会计业务人员和会计信息化人员的配备，应力求精简、合理，节约人力，降低费用。

第三，会计业务人员和会计信息化人员的配备要合理。实现会计信息化后，会计业务人员与会计信息化人员之间的分工比较明确，必须根据实际情况确定会计业务人员和会计信息化人员之间的比例，以达到最佳的配备。

二、会计信息化后会计部门的组织形式

会计信息化部门如何组织，应根据各单位的实际情况来设置。大中型企事业单位，一

般都有信息中心，因此在进行会计信息化工作的组织时要统一考虑。组织过程中要注意2个问题：一是怎样处理与信息中心的关系；二是怎样处理会计部门内部的关系。一般地，会计信息化后，会计部门有如下几种组织形式可供选择：

（一）信息中心与会计部门并列的组织形式

在这种组织形式下，信息中心与会计部门都是独立的部门，行政上是同级的，会计信息化工作仅是单位计算机应用的一项重要内容。会计信息系统的购买或开发、增值开发与维护都是由信息中心负责，会计部门配有微机或终端，会计部门只负责会计软件的使用及基本的日常维护。

在这种组织形式下，会计部门内部组织机构是否做较大的调整，要由计算机的应用程度决定。如果用计算机处理的业务不多，会计部门组织机构一般不做大的调整，如果会计核算工作基本上由计算机来处理，就有必要调整内部的组织机构，一般在业务组的基础上增加一个维护组或者相应岗位，对不适应会计信息化的人员也要进行调整。由于实施会计信息系统后，日常核算工作量大大减少，所以一般要新成立一个会计管理组，负责进行分析、编制预算、参与业务管理等工作。信息中心负责支持会计部门的工作，帮助进行规划、实施和解决日常的重要技术问题；会计管理组主要负责会计信息的分析、整理、参与决策、参与管理等工作，同时还应负责会计信息化工作的规划和辅助系统分析工作。

这种组织形式有如下优点：有利于单位计算机应用统一规划和管理。由于在这种组织形式下，有专门机构负责计算机应用工作，可按单位的总体要求来组织计算机应用工作，避免各部门各自为政而造成各部门的信息不能为其他部门利用及不必要的浪费，有利于信息的充分利用。在大中型单位，一般都采用这种模式。

这种组织形式的主要缺点是由2个部门负责，工作上需要协调，容易受2个部门关系的影响。

（二）信息中心和会计部门信息化组同时存在的组织形式

在这种组织形式下，单位设有独立的信息中心，在会计部门也设有会计信息化组。会计信息化工作由信息中心和会计部门会计信息化组共同完成，会计信息化组长期从事会计软件的增值开发和维护工作。信息中心负责集中性的开发和与其他系统协调。这种组织形式有以下优点：

第一，会计信息化组在会计部门，长期从事这项工作后，能成为既懂计算机又懂会计的复合型人才。由于这些人在会计部门，对业务熟悉，能按会计部门的需要进行项目的辅助开发工作和其他工作，解决问题及时快速。会计部门有了自己的增值开发和维护力量，就能免除后顾之忧，更加大胆地开展会计信息化工作，在基本条件具备后即可甩掉手工账。

第二，有利于会计信息化工作的组织协调。由于有信息中心参加这项工作，就能从总体上考虑好与其他系统的关系，能在代码、接口、规范、制度等方面实施统一的标准，避免了单独由会计部门自由设定模式的弊端。同时，由于有信息部门的参加，信息部门既充分了解了会计信息化的情况，又为其他有关系统的研制或协调运行打下了基础，为企业会计数据"数出一门、资源共享"提供了条件。

第三，有利于提高人财物的利用。会计部门配备较多的会计信息化专业人员是没有必要的，但在初期则需要较多的人参与。在这种情况下，当需要较多的人员时，信息中心的人员可到会计部门参加相关工作。这样，综合了两方面的优点，能使本单位人财物都得到充分利用。

这种组织模式还有一种相近的方式，就是在信息中心专门设立有一个小组，是专门为会计信息系统服务的，或者是为管理信息系统服务的。这也是一种较好的模式，能够照顾多个方面的需要，也能使服务专业化。

随着会计软件服务业的发展，目前已经有专门的服务公司从事会计信息化的增值开发、实施、维护和日常支持，因此相关的工作也在从部分企业分离，专业化已经成为一种趋势。

（三）单位没有独立的信息中心的组织形式

在这种组织形式下，单位没有独立的信息中心，一般是在会计部门配有专职或兼职的维护人员、操作员、业务管理人员运行会计信息系统。这类单位一般是采用通用化会计软件来建立会计信息系统，达到会计信息化的目的。

对于一些小型企事业单位，可以采用这种形式。在一些会计人员很少的单位一般采用一人兼多职的方式。

会计信息化工作的组织，对每一个单位来说都有自己的特殊情况，还与会计信息化的发展程度有关，所以，应根据每一个阶段的需要来建立相应的机构和组织会计信息化工作，做到既满足会计信息化工作需要，又节省人力、物力。

三、会计信息化人员管理

（一）会计信息化人员构成和职责

对会计信息化人员管理的基本方法是：按照"责、权、利相结合"的基本管理原则，明确系统内各类人员的职责、权限并尽量将之与各类人员的利益挂钩，即建立、健全岗位责任制。这样一方面可以加强内部控制，保护资金财产的安全；另一方面可以提高工作效率，充分发挥系统的运行效率。

会计信息化后的工作岗位可分为基本会计岗位和信息化会计岗位。基本会计岗位可分为会计主管、出纳、会计核算、稽核、会计档案管理等工作岗位。各基本会计岗位与手工会计的各会计岗位相对应。基本会计工作岗位，可以一人一岗、一人多岗或者一岗多人，但应当符合内部牵制制度的要求。

会计信息化岗位是指直接管理、操作、维护计算机及会计信息系统的工作岗位。实施了会计信息系统的单位要根据计算机系统操作、维护、开发的特点，结合会计工作的要求，划分会计信息化岗位。大中型企业和使用大规模会计信息系统的单位，信息化后可设立如下岗位：

1. 电算主管

负责协调计算机及会计信息系统的运行工作，要求具备会计和计算机知识以及相关的会计信息化组织管理的经验。电算主管可由会计主管兼任，采用中小型计算机和计算机网络会计软件的单位应设立此岗位。岗位职责是：

第一，负责会计信息系统的日常管理工作，监督并保证会计信息系统的正常运行，达到合法、安全、可靠、可审计的要求。在系统发生故障时，应及时组织有关人员尽快恢复系统的正常运行。

第二，协调会计信息系统各类人员之间的工作关系，制定岗位责任与经济责任的考核制度，负责对会计信息系统各类人员的工作质量考评，以及提出任免意见。

第三，负责计算机输出账表、凭证的数据正确性和及时性检查工作。

第四，建立会计信息系统硬件资源和软件资源的调用、修改和更新审批制度，并监督执行。

第五，完善企业现有管理制度，充分发挥信息化的优势，提出单位会计工作的改进意见。

2. 软件操作

负责输入记账凭证和原始凭证等会计数据，输出记账凭证、会计账簿、报表和进行部分会计数据处理工作，要求具备会计软件操作知识，达到会计信息化初级知识培训的水平。各单位应鼓励基本会计岗位的会计人员兼任软件操作岗位的工作。岗位职责是：

①负责所分管业务的数据输入、数据处理、数据备份和输出会计数据（包括打印输出凭证、账簿、报表）的工作。

②严格按照操作程序操作计算机和会计软件。

③数据输入操作完毕,应进行自检核对工作,核对无误后交审核记账员复核记账。对审核员提出的会计数据输入错误,应及时修改。

④每天操作结束后,应及时做好数据备份并妥善保管。

⑤注意安全保密,各自的操作口令不得随意泄露,定期更换自己的密码。

⑥离开机房前,应执行相应命令退出会计软件。

⑦操作过程中发现问题,应记录故障情况并及时向系统管理员报告。

⑧出纳人员应做到"日清月结",现金出纳每天都必须将现金日记账的余额与库存现金进行核对一致;银行出纳每月都必须将银行存款账户的余额与银行对账单进行核对一致。

⑨由原始凭证直接录入计算机并打印输出的情况下,记账凭证上应有录入员的签名或盖章;收付款记账凭证还应由出纳人员签名和盖章。

3. 审核记账

负责对输入计算机的会计数据进行审核,以保证凭证的合法性、正确性和完整性,操作会计软件登记账簿,对打印输出的账簿、报表进行确认。此岗位要求具备会计和计算机知识,达到会计信息化初级知识培训的水平,可由主管会计兼任。岗位职责是:

①审核原始凭证的真实性、正确性,对不合规定的原始单据不作为记账凭证依据。

②对不真实、不合法、不完整、不规范的凭证退还给各有关人员更正修改后,再进行审核。

③对操作员输入的凭证进行审核并及时记账,打印出有关的账表。

④负责凭证的审核工作,包括各类代码的合法性、摘要的规范性、会计科目和会计数据的正确性,以及附件的完整性。

⑤对不符合要求的凭证和输出的账表不予签章确认。

⑥审核记账人员不得兼任出纳工作。

⑦结账前,检查已审核签字的记账凭证是否全部记账。

4. 电算维护

负责保证计算机硬件、软件的正常运行,管理机内会计数据。此岗要求具备计算机和会计知识,具备会计信息化中级知识。采用大型、小型计算机和计算机网络会计软件的单位应设立此岗位,此岗在大中型企业中应由专职人员担任。维护员一般不对实际会计数据进行操作。岗位职责是:

①定期检查会计信息系统的软件、硬件的运行情况。

②应及时对会计信息系统运行中软件、硬件的故障进行排除。
③负责会计信息系统升级的调试工作。
④会计软件不满足单位需要时，与本单位软件开发人员或通用化会计软件开发商联系，进行软件功能的改进。

5. 电算审查

负责监督计算机及会计信息系统的运行，防止利用计算机进行舞弊。审查人员要求具备会计和计算机知识，达到会计信息化中级知识水平，此岗可由会计稽核人员兼任。采用大型、小型计算机和大型会计软件的单位可设立此岗位。岗位职责是：

①负责监督计算机及会计信息系统的运行，防止利用计算机进行舞弊。
②审查会计信息系统各类人员工作岗位的设置是否合理，制定的内部牵制制度是否合理，各类人员是否越权使用软件，防止利用计算机进行舞弊。
③发现系统问题或隐患，应及时向会计主管反映，提出处理意见。

6. 数据分析

负责对会计信息系统中的会计数据进行分析，要求具备计算机和会计知识，达到会计信息化中级知识水平。采用大型、小型计算机和计算机网络会计软件的单位可设立此岗位，由主管会计兼任。岗位职责是：

①负责对计算机内的会计数据进行分析。
②制定适合本单位实际情况的会计数据分析方法、分析模型和分析时间，为企业经营管理及时提供信息。
③每日、旬、月、年，都要对企业的各种报表、账簿进行分析，为单位领导提供必要的信息。
④企业的重大项目实施前，应通过历史会计数据的分析，为决策提供准确、有根据的事前预测分析报告；企业的重大项目实施过程中，应通过对有关会计数据的分析，提供项目实施情况（如进度、成本、费用等）分析报告；企业的重大项目实施后，应通过对会计数据的分析，提供项目总结的分析报告。
⑤根据单位领导随时提出的分析要求，及时利用会计数据进行分析，以满足单位经营管理的需要。

7. 会计档案资料保管员

负责存档数据光盘、程序光盘，输出的账表、凭证和各种会计档案资料的保管工作，做好各种存储介质、数据及资料的安全保密工作。岗位职责是：

①按会计档案管理有关规定行使职权。

②负责本系统各类数据盘、系统盘及各类账表、凭证、资料的存档保管工作。

③做好各类数据、资料、凭证的安全保密工作，不得擅自出借。经批准允许借阅的会计资料，应认真进行借阅登记。

④按规定期限向各类相关人员催交各种有关的会计档案资料。

8. 软件开发

由本单位人员进行会计软件开发或增值开发的单位，还可设立软件开发岗位，主要负责本单位会计软件的开发和软件维护工作。岗位职责是：

①负责本单位会计软件的增值开发、开发和软件维护工作。

②按规定的程序实施软件的完善性、适应性和正确性的维护。

③软件开发人员不得操作会计软件进行会计业务的处理。

④按电算主管的要求，及时完成对本单位会计软件有关功能的修改和更新，并建立相关的文档资料。

基本会计岗位和会计信息化会计岗位，可在保证会计数据安全的前提下交叉设置，各岗位人员要保持相对稳定。中小型单位和使用小型会计软件的单位，可根据本单位的工作情况，设立一些必要的信息化岗位，许多岗位可以由一个人担任。

（二）设置会计信息化岗位的注意事项

在设立各种会计信息化岗位及其责任时，以下几点是关键：

1. 系统开发及软件维护人员与系统操作人员职务要分离

如果开发人员又是系统操作人员，非法篡改系统和程序的风险极大。因为系统程序是由开发人员分析、设计和编写的，他们对程序的逻辑关系及程序中的控制了如指掌。如果他们又作为系统操作员，他们完全可以在系统验收批准并投入使用后，再利用操作处理之便篡改程序，以达到其不可告人的目的。如果程序被篡改，组织的财产可能遭受损失，会计记录就无准确可言。因此，系统开发人员与系统操作人员职务要分离。操作人员不能了解系统的程序及逻辑，不能接触系统程序及系统开发文档，操作员不需要有软件开发的技能。系统开发人员在系统调试通过、验收批准后，应不得再接触和操作其开发的系统。数据的输入、业务的处理应由操作人员执行。日后系统的维护和改进只能经批准后按特定的程序进行。

2. 专职会计人员与系统操作使用人员职能的划分

对这两类人员职能的划分，现在各信息化的单位中有两种处理方法。一种是不设专职操作人员，职责的分工与手工会计系统一样，负责资金的仍负责资金，同时负责将自己做的凭证录入计算机；负责手工成本计算的，信息化后也负责操作计算机计算成本。另一种是设立专职的操作人员，将其他须手工处理的会计业务进行统一录入和处理。无论是采用哪一种方法，需要注意的一点是要利用各类人员的特点，发挥他们的特长，从而更好地发挥系统的效益。例如，许多单位有一批老会计，他们有丰富的实践经验，是单位领导分析决策的好参谋，信息化后，则应利用这个时机，使他们从繁杂的事务性处理工作中解脱出来，参与经营、参与管理。

第二节　会计信息化后的内部控制

一、会计信息化后内部控制的意义

内部控制是为了保证会计资料和信息的真实性、完整性，提高管理水平的一项有效措施。会计信息化后，由于会计信息处理方式的改变，使传统的内部控制方法面临严峻的挑战。

会计信息系统与手工系统相比较，具有数据处理集中化、数据存储磁性化、系统初建成本高、系统操作身份识别难、内部稽核受到削弱、系统自身脆弱等特点。这就决定了会计信息系统的内部控制较之手工系统更为必要。

第一，企业各级管理部门及与其利益相关的外部信息使用者的决策对会计信息系统的依赖性增大，而这些会计信息的质量在很大程度上取决于系统内部控制状况。信息化程度越高，信息使用者对信息的依赖性越大，则内部控制在更大的程度上决定信息的质量。随着信息化的日益普及和提高，不仅企业管理人员关心系统内部控制的健全与改善，外部信息使用者也越来越迫切地要求企业保持良好的内部控制，以保证企业所提供信息的质量。

第二，随着信息化水平的逐步提高，企业财务状况和经营成果受系统资源的安全性、效率性的影响加大。为了保证会计信息系统资源的管理和运用，更需要加强资源安全管理，避免因系统硬件、软件被盗或毁损而给企业带来重大损失。

第三，会计信息系统的特点表明，企业信息化以后，有些风险减少了，但同时又增加了许多在手工系统中不曾有的风险，从而使得加强会计信息系统的内部控制成为任何信息化单位不容忽视的一项重要工作。会计信息系统与手工系统相比较，新增或特有的风险主要有以下几项：

一是计算机对不合理的业务缺乏识别能力，导致企业内部控制的缺陷。尽管计算机运行速度快、计算精度高，但计算机进行逻辑判断一般要求事先编入有关程序才能进行。如果程序设计不周或对于输出文件不进行人工检查，很可能导致不合法的业务和数据游离于企业内部控制之外，造成数据的失真。

二是数据安全性较差。在手工系统中的数据处理与存储分散于各有关部门和人员，而会计信息系统的数据处理与存储都呈现出高度集中的特点，为数据的安全性带来一定的威胁。首先，集中处理意味着某些部门和人员在执行不相容的职责，需要采取一些额外的补偿性控制手段降低这一风险；其次，数据存储集中于磁性载体，由于磁性载体对环境的要求较高，对温度、湿度、清洁度均有一定要求，数据易于损毁；最后，未经授权人员一旦接触数据，就可能导致大量数据丢失或泄密。如果信息化后在数据安全方面没有增加新的控制手段，则发生数据丢失和损毁的可能性较之手工系统大大提高。

三是差错的反复发生。在手工系统中，发生差错往往是个别现象，而且由于数据处理各环节分散于多个部门、由多个人员分工完成，一个部门或人员的差错往往可以在后续环节中被发现并得以改正。由于计算机处理数据依靠程序运行并且运算速度极高，加之数据处理集中于计算机进行，其处理结果一旦在某一环节发生差错，就能在短时间内迅速蔓延，使得相应文件、账簿乃至整个系统的数据信息失真。如果差错是由于应用程序和软件造成的，则计算机会反复执行同一错误操作，多次给出错误结果。因此，为了保证数据处理的可靠性，需要在系统硬件、软件及数据处理各环节增设必要的控制措施。

第四，程序被非法调用和篡改。对程序调用和修改的控制，这个在手工系统中不曾有的问题在会计信息系统中却至关重要。如果对接近系统的人员缺乏控制，就有可能发生程序被未经授权的人员非法操作的情况，不仅导致数据失真，也为舞弊行为提供了滋生的土壤。在历史上，无论是国内还是国外，通过非法调用和篡改程序以达到非法目的的事件屡见不鲜。因此，必须对程序调用和修改的操作者的身份进行严格的控制。

二、会计信息系统内部控制的分类

依据一定的标准对会计信息系统中的内部控制加以分类，有助于对其内部控制的理解、审查和评价。

第一，依据控制实施的范围，可将会计信息系统内部控制分为一般控制和应用控制，这是一种最常见的分类。目前世界主要国家会计信息系统审计准则均以此分类规定内部控制评审的步骤和主要内容。一般控制是对会计信息系统构成要素（人、机器、文件）及数据处理环境的控制，主要内容包括组织控制、系统开发与维护控制、硬件及系统软件控制和安全控制。应用控制则是对具体功能模块及业务数据处理过程各环节的控制，主要包括输入控制、处理控制和输出控制等内容。一般控制适用于整个会计信息系统，是应用控制的基础，它为数据处理提供了良好的环境；应用控制则适用于特定的处理任务，是一般控制的深化，它在一般控制的基础上，直接输入到具体的业务数据处理过程，为数据处理的准确性、完整性提供最后的保证。

第二，依据控制所采取的手段，可将会计信息系统中的内部控制分为手工控制和程序化控制两类。手工控制是由人工直接通过手工操作实施的控制；程序化控制是由计算机程序自动完成的控制。

第三，依据控制的预定意图，可以将会计信息系统中的内部控制分为预防性控制、检查性控制和纠正性控制三类。预防性控制是为防止不利事件的发生而设置的控制；检查性控制是用来检查、发现已发生的不利事件而设置的控制；纠正性控制，也称为恢复性控制，是为了消除或减轻不利事件造成的损失和影响而设置的控制。预防性控制是一种积极的控制，它试图在不利事件发生前加以防范，减少出现不利事件的可能性；检查性控制是一种中性的控制，它试图在不利事件发生时就能够发现；而纠正性控制则相对是消极的，它是假定不利事件已经发生，设置一些可以减少不利影响的手段。

第四，依据实施控制部门不同，可将会计信息系统内部控制分为信息化部门控制和用户控制。信息化部门控制是指由信息化部门人员或计算机程序实施的控制。用户控制则是指数据信息使用部门对计算机数据处理施加的控制。

三、会计信息系统内部控制的特点

在会计信息系统中，内部控制的目标仍然是保证会计资料和信息的真实性与完整性，提高经营效率以保证管理目标的实现。但其控制的重点、范围、方式和手段等方面发生了变化。

（一）控制的重点转向系统职能部门

实现信息化以后，数据的处理、存储集中于职能部门，因此，内部控制的重点也必须随之转移。

（二）控制的范围扩大

由于会计信息系统的数据处理方式与手工系统相比有所不同，以及会计信息系统建立与运行的复杂性，要求内部控制的范围相应扩大。其中包括一些手工系统中不曾有的控制内容，如对系统开发过程的控制、数据编码的控制以及对调用和修改程序的控制等。

（三）控制方式和手段由手工控制转为手工控制和程序化控制相结合

手工系统中，所有的控制手段一般都是手工控制，在会计信息系统中，原有的手工控制手段有些依然保留，但需要增设一些包含于计算机程序中的程序化控制。当然，由于信息化程度不同，程序化控制的数量也会有所不同。一般来说，信息化程度越高，采用的程序化控制要求也越多。两者相结合的特点，反映了会计信息系统控制技术的复杂性。

四、会计信息系统内部控制的目标

会计信息系统内部控制的目标是指实施对会计信息系统进行内部控制所应该达到的效果和目的。根据内部控制的定义和对系统的一般要求，内部控制的目标可概括为以下 3 个方面。

（一）保证系统的合法性

系统的合法性包含两方面的含义，系统本身以及处理的经济业务应该遵循财政部颁布的有关会计软件开发的有关规定以及当前的会计法规、会计准则、会计制度等的有关规定。因此，在系统设计过程以及系统运行阶段，都必须建立严格的内部控制制度和措施，以确保系统本身及其处理经济业务的合法性。

（二）保证系统的安全

保证会计信息系统的安全可靠，是会计信息系统能够正常运行的前提和基础。系统的安全主要包括系统本身硬件、软件资源的安全以及系统数据库的安全等。因此，在对系统进行设计时，应该充分考虑影响威胁系统安全的因素有哪些，并考虑应该采用什么样的措施来抵御威胁，以确保系统的安全、可靠。

（三）保证系统处理数据的真实和准确

为了保证会计信息系统数据处理的正确、合理，保证财务报告信息的真实、可靠，会计信息系统内部控制的重点应放在对软件开发过程中的程序化控制以及对个人权限的管理和控制上，并且充分发挥内部审计的作用。在会计信息系统的设计过程中，应将一些控制措施嵌入程序中，如个人权限控制、系统纠错控制、系统恢复控制、输入数据控制、科目合法性控制、凭证合法性控制、借贷平衡控制等。特别强调的是，对输入的数据要进行严格的控制，如果输入的数据一旦出错，会计处理的过程无论有多么正确，输出的结果永远都不可能是正确的。

五、会计信息化后内部控制的内容

会计信息系统内部控制的内容如下：

（一）一般控制

一般控制是对整个会计信息系统及环境构成要素实施的，对系统的所有应用或功能模块具有普遍影响的控制措施。如果系统一般控制较弱，则无论单个应用与各处理环节的应用控制如何完善，都难以达到内部控制的目标。一般控制可具体划分为组织控制、硬件及系统软件控制、系统安全控制和系统开发与维护控制。

1. 组织控制

会计信息系统组织控制的基本目标是：会计信息系统职能部门的设置、职责分工及人员的招聘、使用与考核应能保证会计信息系统中的有关人员能正确、有效地履行自己的职责。

会计信息系统组织控制的主要内容有以下几个：

①信息化部门与用户部门的职责分离。

②系统职能部门内部的职责分离。

③人员素质保证。

④领导与监督。

2. 硬件及系统软件控制

（1）硬件控制

指计算机硬件制造商随机配置的某些控制功能或技术手段。

（2）系统软件控制

系统软件的主要功能包括管理计算机系统资源、辅助和控制应用程序的运行等。较为理想的系统软件应包括以下3个方面的控制功能：错误的处理、程序保护、文件保护。

3. 系统安全控制

系统安全控制是一般控制的重要组成部分，它是为了保证计算机系统资源的实物安全而采取的各种控制手段。它有利于防止和减少因自然灾害、工作疏忽、蓄意破坏以及计算机犯罪等造成的损失和危害。系统安全控制还是各种应用控制作用的前提和基础。如果安全措施不当，则再完善的应用控制也无济于事。

系统安全控制包括硬件的安全控制、软件与数据的安全控制、环境安全控制、防病毒控制等几个方面。

4. 系统开发与维护控制

系统开发与维护控制是对新系统的分析、设计、实施以及对现行系统的改进和维护过程的控制。合理设置系统开发过程中的有关控制，是保证系统开发质量的重要条件，具体内容如下：

①计划与文档控制。

②授权控制。

③转换控制。

④系统维护改进控制。

（二）应用控制

应用控制是在整个会计信息系统中的某个子系统或单位应用系统的数据输入、处理和输出环节中设置的控制措施。应用控制涉及各种类型的业务，每种业务及其数据处理有其特殊流程和要求，决定了具体控制的设置须结合具体的业务，各种业务数据处理过程应用控制的内容有很多。应用控制一般可划分为输入控制、处理控制和输出控制3个方面。

1. 输入控制

数据输入是一项较为复杂的工作，手工操作与计算机操作混合使用，信息化部门与其他部门业务往来繁杂，最易发生错误，需要设置大量的控制措施加以防范。由此可见，输入控制是应用控制中最为关键的环节，其主要包括数据采集控制和数据输入控制。

2. 处理控制

数据输入计算机后，即按照一定的程序和指令对有关数据进行加工处理，这一过程极少人工干预。处理控制大部分为检查性、纠正性和程序化控制。但应用程序的计算与处理逻辑错误，程序运行中处理了不应当处理的文件和数据，错误数据在输入过程中没有被检查出来，或处理过程中使用了不应该使用的程序版本等，都将影响数据处理结果的准确性和可靠性。因此，在处理过程设置一定的控制措施仍是十分必要的，其主要包括数据有效性检验和程序化处理有效性检验。

3. 输出控制

输出是计算机数据处理的最后结果，对输出进行控制的主要目的：一是要验证输出结果的正确性；二是要保证输出结果能够及时地送到有权接受有关输出的人员手中。会计信息系统数据处理的最终输出有三种基本形式，即存入外存储器、打印成书面文件和屏幕显示。其中打印出的书面文件往往具有法律效力（如会计报表）或者导致资产的转移（如发货单），因而构成输出控制的重点，输出控制的首要任务是及时发现输出中存在的问题。系统职能部门与业务职能部门在这方面共同承担责任，控制的具体设计也应从这两方面考虑。

会计部门要在输出文件分发前对其从形式和内容上加以审核，对正常报告与例外报告均要进行认真检查。审核检查采用的主要手段之一是核对。其中包括：业务处理记录簿与输入业务记录簿的有关数字核对；输入过程的控制总数与由输出得到的控制总数相核对；正常业务报告与例外报告中有关数字的对比分析等。

业务职能部门，也应对收到的文件从形式和内容两方面进行检查。在检查中，要将收到的计算机数据处理清单与自己保存的原始凭据清单逐一核对，确定输出文件内容的完整性；要将人工计算的控制总数与计算机计算输出的控制总数相核对，以便发现输出文件中有无重复、遗漏或篡改的内容；要将输出文件中有关的数字与实物核对，进行合理性分析，研究输出中存在的问题。

输出控制的第二项任务是确保输出文件传送工作安全、正确。因此，必须建立输出文件的分发、传送程序，设置专人负责此项工作。业务职能部门负责登记输出文件收存记录簿，与收到的输出文件核对，与文件分送时间表核对。

对于屏幕形式的输出也应设立一些控制措施，限制对输出信息的接触，如限定使用计算机或终端人员、使用进入口令、机器加锁、房屋加锁和权限控制等。

第三节 会计信息化后的使用管理

一、会计信息化后使用管理的意义

会计信息化后的使用管理主要是通过对系统运行的管理，保证系统正常运行，完成预定任务，确保系统内各类资源的安全与完整。虽然会计信息系统的使用管理主要体现为日常管理工作，却是系统正常、安全、有效运行的关键。如果单位的操作管理制度不健全或实施不得力，都会给各种非法舞弊行为以可乘之机；如果操作不正确就会造成系统内数据的破坏或丢失，影响系统的正常运行，也会造成录入数据的不正确，影响系统的运行效率，直至输出不正确的账表；如果各种数据不能及时备份，则有可能在系统发生故障时使得会计工作不能正常进行；如果各种差错不能及时记录下来，则有可能使系统错误运行，输出不正确、不真实的会计信息。对于会计信息系统的使用管理主要包括机房的管理与上机操作的管理。

二、服务器机房的管理

（一）机房管理制度的内容

会计信息化后，服务器是会计数据的中心。对于大中型单位，需要建立专门的服务器机房，以方便管理和提高安全性。设立机房主要有 2 个目的：一是给计算机设备创造一个良好的运行环境，保护计算机设备，使其稳定地运行；二是防止各种非法人员进入机房，保护机房内的设备、机内的程序与数据的安全。机房管理的主要内容包括：

第一，有权进入机房人员的资格审查。一般来说，系统管理员可进入机房，系统维护员不能单独留在机房。

第二，机房内的各种环境要求。比如，机房的卫生要求、防水要求。

第三，机房内各种设备的管理要求。

第四，机房中禁止的活动或行为。例如，严禁吸烟、喝水等。

第五，设备和材料进出机房的管理要求等。

制定具体的管理制度时，要根据具体的条件、人员素质、设备情况综合考虑。

（二）机房管理制度举例

第一，凡因工作要进入机房的人员，都必须遵守机房制定的各项规章制度。非工作人员严禁入内。

第二，保持机房环境卫生，定期清洁计算机以及其他设备的尘埃。

第三，严禁在计算机前喝水和吸烟，以免引起短路、火灾或其他损失。

第四，为防止意外事故的发生，机房内应配备灭火设备，并杜绝一切火源，机房内一切电气设备须经电工同意方可安装，其余人员不得拆迁或安装。

第五，任何人员不得擅自打开机箱和撤换计算机配件、电缆线等，如果发现设备有问题，应立即报告分管领导解决。

第六，不得私自复制机房的软件和数据；对于外来软件，必须经检查病毒后无毒才能使用；存储介质也要经检查无病毒后才能使用，并存放机房。

第七，严禁在计算机内安装或运行游戏。

第八，未经许可，不准对外服务，以防病毒传入。

第九，机房无人时应加锁，确保服务器的安全。

三、操作管理

（一）操作管理的内容

操作管理是指对计算机及系统操作运行的管理工作，其主要体现在建立与实施各项操作管理制度上。操作管理的任务是建立会计信息系统的运行环境，按规定录入数据，执行各子模块的运行操作，输出各类信息，做好系统内有关数据的备份及故障时的恢复工作，确保计算机系统的安全、有效、正常运行。操作管理制度主要包括以下内容：

1. 操作权限

操作权限是指系统的各类操作人员所能运行的操作权限，主要包括以下内容：

①业务操作员应严格按照凭证输入数据，不得擅自修改已复核的凭证数据，如发现差错，应在复核前及时修改或向系统管理员反映，已输入计算机的数据，在登账前发现差错，可由业务操作人员进行改正。如在登账之后发现差错，必须另做凭证，以红字冲销，录入计算机。

②除了软件维护人员之外，其他人员不得直接打开数据库进行操作，不允许随意增删和修改数据、源程序和数据库结构。

③软件开发人员不允许进入实际运行的业务系统操作。

④系统软件、系统开发的文档资料，均由系统管理员负责并指定专人保管，未经系统管理员许可，其他人员不得擅自复制、修改和借出。

⑤存档的数据介质、账表、凭证等各种文档资料，由档案管理员按规定统一复制、核对、保管。

⑥系统维护人员必须按有关的维护规定进行操作。

2. 操作规程

操作规程主要指操作运行系统中应注意的事项，它们是保证系统正确、安全运行，防止各种差错的有力措施。其主要包括以下内容：

1. 各操作使用人员在上机操作前后，应进行上机操作登记（会计软件中有自动记录可再进行登记），填写姓名、上机时间和下机时间、操作内容，供系统管理员检查核实。

②操作人员的操作密码应注意保密，不能泄露。

③操作人员必须严格按操作权限操作，不得越权或擅自上机操作。

④每次上机完毕，应及时做好所需的各项备份工作，以防发生意外事故破坏数据。

⑤未经批准，不得使用格式化、删除等命令或功能，更不允许使用系统级工具对系统进行分析或修改系统参数。

⑥不能使用来历不明的存储介质和进行各种非法拷贝工作，以防止计算机病毒的传入。

（二）上机操作制度设计举例

1. 上机人员必须是会计信息系统有权使用人员，经过培训合格并经财务主管正式认可后，才能上机操作。

2. 操作人员上机操作前后，应进行上机操作登记，填写真实姓名、上机时间、退机时间、操作内容，供系统管理员检查核实。

3. 操作人员的操作密码应注意保密，不能泄露，密码要不定期变更，密码长度不得少于6位，要用数字和字母组合而成，密码使用期限最长不超过3个月。

4. 操作人员必须严格按操作权限操作，不得越权或擅自进入非指定系统操作。

5. 操作人员应严格按照凭证输入数据，不得擅自修改凭证数据。

6. 每次上机工作完毕后都要做好数据备份，以防意外事故。

7. 在系统运行过程中，操作人员如要离开工作机器，必须在离开前退出系统，以防止其他人越权操作。

8. 工作期间，不得从事与工作无关的内容。

（三）操作规程设计举例

1. 开机与关机。开机顺序为：显示器、主机、打印机。逆序为关机顺序。

2. 严禁在开机通电时插拔显示器、打印机、网络线、键盘和鼠标等电缆线。

3. 严禁在硬盘、光盘驱动器等存储介质工作指示灯亮时关机或断电。

4. 关机后，至少应间隔一分钟后方能重新开机。

5. 不准使用外来存储介质和无版权的非法软件；储存介质不得私自带出，防止技术经济信息泄密。如果确实需要使用外来存储介质及相关软件，必须经管理人员同意并检查无病毒后方可使用，如不经检查，私自使用，使机器染上病毒者，按传播病毒严肃处理。

6. 计算机硬盘中安装的是公共文件，上机人员不能进行删除、更名和隐含等操作；上机人员自己的文件和数据必须存入子目录中使用并自己备份，系统管理人员将定期清理计算机硬盘，删除非公共文件和数据。

7. 严禁在计算机上玩游戏和利用聊天工具做与工作无关的事情。

8. 未经允许，不得通过互联网下载任何软件或文档。

（四）计算机病毒管理制度设计举例

为了加强设备和软件的管理，保证计算机设备的完好性，保护计算机软件资源，防止计算机感染病毒，特制定本制度：

1. 计算机必须坚持使用登记制度。登记的栏目中包括发现计算机病毒的来源、表现形式及处理情况。

2. 如果发现计算机病毒，必须向管理人员反映，管理人员同时要向有关部门汇报。

3. 没有上互联网权限的人，不能私自上网。不能从网上下载软件和资料，如确有需要，应报领导批准，并在独立的机器上进行，防止通过互联网络传播病毒。

4. 严禁在计算机上玩游戏，以减少病毒的传播渠道。

5. 外来存储介质及软件必须进行计算机病毒检查，无毒后方能使用。未经许可带入的存储介质一律没收。

6. 严禁使用无版权的非法软件。

7. 禁止在计算机上进行有关计算机病毒的研究和制造，一经发现有意制造和传播计算机病毒、破坏计算机系统者，将上报有关部门。

8. 严禁上机人员使用工具软件或自编程序进入、观察、修改、研究计算机硬盘的分区表、目录区信息和CMOS等危及计算机安全的行为。

四、计算机替代手工记账

采用电子计算机替代手工记账，是指应用会计软件输入会计数据，由电子计算机对会计数据进行处理，并打印输出会计账簿和报表。计算机替代手工记账是会计信息化的基本目标之一。

采用电子计算机替代手工记账的单位，应当具备以下基本条件：

第一，配有适用的会计软件，并且计算机与手工进行会计核算双轨运行3个月以上，计算机与手工核算的数据相一致，且软件运行安全可靠。

第二，配有专用的或主要用于会计核算工作的计算机或计算机终端。

第三，配有与会计信息化工作需要相适应的专职人员，其中上机操作人员已具备会计信息化初级以上专业知识和操作技能，取得财政部门核发的有关培训合格证书。

第四，已建立健全的内部管理制度。包括岗位分工制度、操作管理制度、机房管理制度、会计档案管理制度、会计数据与软件管理制度等。

计算机替代手工记账的过程是会计工作从手工核算向信息化核算的过渡阶段，由于计算机与手工并行工作，会计人员的工作强度较大，需要合理安排会计部门的工作，提高工作效率。

计算机与手工并行工作期间，可采用计算机打印输出的记账凭证替代手工填制的记账凭证，根据有关规定进行审核并装订成册，并据以登记手工账簿。如果计算机与手工核算结果不一致，要由专人查明原因并向本单位领导书面报告。一般来说，计算机与手工并行的时间在3个月左右。

在实施计算机替代手工记账后，应该加强运行中的管理工作，使系统达到会计工作管理理的需要。

对于替代手工记账，各地财政部门的具体规定有些差异，在替代手工记账前，需要咨询当地财政部门，按照相关要求办理。

第四节　会计信息化后的维护管理

一、会计信息化后维护管理的意义

要使会计信息系统正常、稳定、高效地运行，就要求不断维护和优化核算系统；系统在设计中必然存在考虑不周的情况，系统在运行过程中也必然会出现各种问题，也要求对系统进行维护。现有统计资料表明，软件系统生命周期各部分的工作量中，软件维护的工作量一般占50%以上；现有的经验表明，维护工作要贯穿系统的整个生命周期，不断重复出现，直到系统过时和报废为止；现有的经验也表明，随着系统规模的扩大和复杂性的增加，维护费用在整个系统的建立与运行中的比例越来越大。维护是整个系统生命周期中最重要、最费时的工作。

系统维护包括硬件维护与软件维护两部分。软件维护主要包括正确性维护、适应性维护、完善性维护三种。正确性维护是指诊断和改正错误的过程；适应性维护是指当单位的会计工作发生变化时，为了适应而进行的软件修改活动；完善性维护是指为了满足用户增加功能或改进已有功能的需求而进行的软件修改活动。软件维护还可分为操作性维护与程序维护两种，操作性维护主要是利用软件的各种自定义功能来修改软件的一些参数，以适应会计工作的变化，操作性维护实质上是一种适应性维护，程序维护主要是指需要修改程序的各项维护工作。

二、会计信息化后的维护管理

（一）维护管理的任务和内容

会计信息系统的维护管理工作主要是通过制定维护管理制度和组织实施来实现。维护管理制度主要包括以下内容：

1. 系统维护的任务

第一，实施对硬件设备的日常检查和维护，以保证系统的正常运行。

第二，在系统发生故障时，排除故障和恢复运行。

第三，在系统扩充时负责安装、调试，直至运行正常。

第四，在系统环境发生变化时，随时做好适应性的维护工作。

2. 系统维护的承担人员

在硬件维护工作中，较大的维护工作一般是由销售厂家进行的。使用单位一般只进行一些小的维护工作，会计部门一般不配备专职的硬件维护员，硬件维护员可由软件维护员担任，即通常所说的系统维护员。难度大一些的维护工作可交给信息中心完成。

对于使用通用化会计软件的单位，程序维护工作是由软件厂商负责，单位负责操作性维护，一般不配备专职维护员，而由指定的系统维护员兼任。

对于自行开发会计软件的单位一般应配备专职的系统维护员。系统维护员负责系统的硬件设备和软件的维护工作，及时排除故障，确保系统的正常运行；负责日常的各类代码、数据及源程序的改正性维护、适应性维护工作，有时还负责完善性的维护。

3. 软件维护的内容

软件维护的内容包括操作维护与程序维护。操作维护主要是一些日常维护工作，程序维护包括正确性维护、完善性维护和适应性维护。

4. 硬件维护的内容

第一，定期进行检查，并做好检查记录。

第二，在系统运行过程中，出现硬件故障时，及时进行故障分析，并做好检查记录。

第三，在设备更新、扩充、修复后，由系统管理员与维护员共同研究决定，并由系统维护人员实施安装和调试。

5. 系统维护的操作权限

操作权限主要是指明哪些人能进行维护操作，何种情况下可进行维护。主要包括以下内容：

第一，不符合维护规定手续的不允许进行软件修改操作。

第二，在一般情况下，维护操作不应影响系统正常运行。

第三，不得进行任何未做登记记录的软件、硬件维护操作。

6. 软件的修改手续

为了防止各种非法修改软件的行为，对软件的修改应有审批手续。修改手续主要包括以下内容：

①由系统管理员提出软件修改请求报告。

②由有关领导审批请求报告。

③以前的源程序清单存档。

④手续完备后，实施软件的修改。

⑤软件修改后形成新的文档资料。

⑥发出软件修改后使用变更通知。

⑦进行软件修改后的试运行。

⑧根据运行的情况做出总结并修改文档资料。

⑨发出软件修改版本后正式运行的通知。

（二）电算维护人员工作制度设计举例

第一，按时上下班，遵守作息制度；不得私自带无关人员进入服务器机房。

第二，带头执行各项管理制度。

第三，经常检查计算机，保持计算机、仪器和设备的清洁卫生；负责做好机房的清洁卫生工作。每天一次小扫除，每周一次大扫除，保持室内和周围环境的清洁卫生。

第四，对待业务人员要热情、耐心、礼貌，做好软件使用的服务工作。

第五，做好每天的工作记录，维护好计算机软件、硬件系统、外设和网络，保证计算机正常运行。

第六，定期或不定期地检查硬件和软件的运行情况。

第七，负责系统运行中硬件和软件的维护工作。

第八，负责系统的安装和调试工作。

第九，按规定的程序实施软件的完善性、适应性和正确性的维护。

第十，维护人员除实施数据维护外，不允许随意打开系统数据库进行操作，实施数据维护时不准修改数据结构，其他上机人员一律不准实施数据库操作。

第十一，坚持每周清查计算机病毒，保证所有计算机和存储介质无毒。

第十二，根据应用软件的需要安装和维护计算机系统软件。

第十三，管理好固定资产和消耗材料，做到数量金额相符。

第十四，下班前做好数据的备份工作（每个子系统的业务数据备两份）。

第十五，做好计算机硬件的保养和维护工作：

①维护计算机电源的正常工作，计算机电源配有断电保护的稳压电源或 UPS 电源。

②保证计算机电源电压在 220±40V 范围，才能开机使用。

③系统安装时，连接电缆要接得牢固可靠，拧紧螺丝，避免在通电过程中拉断、拉脱电缆线。

④不随意搬动计算机，需要搬动时要注意保护，搬动后要检查设备的运行情况。

⑤一个月以上未使用的计算机，应每月通电一次，以防计算机因长期不使用受潮损坏。

⑥坚持对计算机及外设的运行、故障、维修等情况进行完整的记录，保证每台计算机都有历史记录。

⑦若机房内发现有异常情况（异味、异声、烟雾、燃烧等）要及时处理（如切断电源等）。

⑧计算机网络服务器必须使用 UPS 电源，关机时，必须使用规定的命令退出网络。

⑨每天上下班时检查计算机软件、硬件系统的完好性，同时做好相应记录。

三、软件维护制度设计举例

（一）会计软件的维护与管理

1. 会计软件的维护

第一，对于使用通用化会计软件的单位，程序修正和会计软件参数的调整一般由软件开发公司实施。

第二，程序修正与会计软件参数调整要办理相关手续。

第三，会计数据的修正与恢复必须严格控制。

第四，会计软件的升级。经会计主管批准，由系统管理员组织，维护人员具体实施，并编写升级报告，形成文档进入档案。

2. 会计软件的管理

第一，会计部门在取得会计软件后必须做好多套备份，分别存放在档案室、机房和财务人员办公室的专用柜内，存放在档案室的备份软件由档案管理员管理；存放在其他两处的备份软件由系统管理员统一保管。

第二，运行中的会计软件必须安装在计算机硬盘上，一般情况下不得重新安装。

（二）软件系统的安全与保护

第一，操作人员运行的会计软件必须是经过编译的程序；数据库文件必须设有密码。

第二，根据软件提供的功能和工作需要设置操作人员的操作权限和密码，操作人员必须对自己的操作密码严格保密，不得泄露。

四、计算机病毒防治

（一）计算机病毒概述

1. 计算机病毒的概念

计算机病毒是一种人为特制的小程序，通过非授权入侵而隐藏在可执行程序或数据文件中。当计算机系统运行时，源病毒能把自身精确拷贝或者有修改地拷贝到其他程序体内，具有相当大的破坏性。计算机病毒已经成为计算机犯罪的重要形式之一。

2. 计算机病毒的特征

（1）隐蔽性

计算机病毒研制者熟悉计算机系统的内部结构并有高超的编程技巧，它既可用汇编语言编写，也可用高级语言编写，设计出的程序一般都是不易被察觉的小程序。我们必须明确一点：设计病毒程序是一种犯罪行为。

（2）潜伏性

病毒具有依附其他媒体而寄生的能力。它可以在几周或几个月内在系统的备份设备内复制病毒程序而不被发现。

（3）传播性

源病毒可以是一个独立的程序体，它具有很强的再生机制，不断进行病毒体的扩散。计算机病毒的再生机制反映了病毒程序最本质的特性。

（4）激发性

在一定条件下，通过外界刺激可使病毒程序活跃起来。激发的本质是一种条件控制。如某个特定的日期或时间、特定的用户标志符或文件、用户的安全保密等级或一个文件使用的次数等，均可作为激发的条件。

（5）破坏性

病毒程序一旦加到当前运行的出现体上，就开始搜索可感染的其他程序，从而使病毒很快扩散到整个系统上。于是就破坏存储介质中文件的内容，删除数据、修改文件、抢占存储空间，甚至对存储介质进行格式化等。计算机病毒可以中断一个大型计算机中心的正常工作或使一个大型计算机网络处于瘫痪状态，从而造成毁灭性后果。

3. 计算机病毒的分类

根据计算机病毒的入侵途径可将病毒分为以下几种：

(1) 源码病毒

这种病毒在源程序被编译之前,插入到用高级语言编写的源程序中。由于用高级语言编写病毒程序难度较大,所以这种病毒较少。

(2) 入侵病毒

这种病毒入侵时,实际上是把病毒程序的一部分插入主程序。当病毒程序入侵到现有程序后,不破坏主程序就难以除掉病毒程序。

(3) 操作系统病毒

这是最常见、危害性最大的病毒。它在系统运行过程中不断捕捉 CPU 的控制权,不断进行病毒的扩散。这种病毒隐藏在被虚假地标明"损坏"的磁盘扇区内,或加载到内存的驻留程序或设备的驱动程序中,以便隐蔽地从内存储器进行传染和攻击。

(4) 外壳病毒

这种病毒把自己隐藏在主程序的周围,一般情况下不对源程序进行修改,它通常感染可执行文件。

(二) 计算机病毒的预防

计算机病毒的来源主要是外来的非法软件和外来存储介质,故应坚持以防为主的方针,对计算机加强管理,预防计算机病毒的感染。对计算机病毒的预防主要有如下措施:

第一,加强计算机使用管理,非使用者和外来人员不得随意用机,每次使用计算机后做好记录。

第二,对所有的计算机硬盘应保存其无毒时的分区表和引导扇区信息。

第三,对外来软件(含购买和拷贝的软件)在使用前必须使用防病毒软件查毒。

第四,对不常使用和不用写入数据的软件、存储介质加强保护措施,防止病毒写入。

(三) 清除计算机病毒的步骤

第一,使用计算机防病毒软件清除已知的计算机病毒。

第二,对引导型计算机病毒,用保存的无毒分区表和引导扇区覆盖被病毒感染的分区表和引导扇区。

第三,重新格式化带有病毒的存储介质。

第四,对硬盘,个别病毒要做低级格式化才能清除。

第五节 会计信息化档案管理

一、会计信息化档案管理的意义

会计信息化的档案主要是包括打印输出的各种账簿、报表、凭证、存储的会计数据和程序的存储介质，系统开发运行中编制的各种文档以及其他会计资料。会计信息系统的档案管理在整个会计信息化工作中起着重要的作用。

（一）良好的档案管理是信息化后会计工作连续进行的保障

会计信息系统的档案是会计档案的重要组成部分。会计档案是各项经济活动的历史记录，也是检查各种责任事故的依据。只有会计档案保存良好，才能连续反映单位的经济情况，才能了解单位经营管理过程的各种弊端、差错、不足，才能保证信息的利用，才能保证系统操作的正确性和系统的可维护性。

（二）良好的档案管理是会计信息系统维护的保证

在会计信息化后的档案中，各种开发文档是其中的重要内容。对信息化的会计系统来说，其维护工作有以下特点：

第一，理解别人写的程序通常非常困难，而且软件文档越不全、越不符合要求，理解就越困难。

第二，会计信息系统是一个非常庞大的系统，就是其中的一个子系统也非常复杂，而且还跨越了会计与计算机两方面的专业知识，了解与维护系统非常困难。

所以，如果没有保存完整的系统开发文档，系统的维护将非常困难，甚至不可能。如果出现这样的情况，将很可能带来系统的长期停止运转，严重影响会计工作的连续性。

（三）良好的档案管理是保证系统内数据信息安全完整的关键环节

当系统程序、数据出现故障时，往往需要利用备份的程序与数据进行恢复；当系统处理需要以前年度或机内没有的数据时，也需要将备份的数据拷贝到机内；系统的维护也需要各种开发文档。因此，保存良好的档案是保证系统内数据信息安全完整的关键环节。

（四）良好的档案管理是会计信息得以充分利用，更好地为管理服务的保证

让会计人员从繁杂的事务性工作中解脱出来，充分利用计算机的优势，及时为管理人

员提供各种管理决策信息是会计信息化的最高目标。俗话说："巧妇难为无米之炊。"对计算机来说也一样，计算机内没有相应的数据，什么样的分析数据也无法提供。因此，实现会计信息化的根本目标，必须有保存完好的会计数据。只有良好的档案管理，才可能在出现各种系统故障的情况下及时恢复被毁坏的数据；只有保存完整的会计数据，才可能利用各个时期的数据，进行对比分析、趋势分析、决策分析等。所以，良好的档案管理是会计信息得以充分利用，更好地为管理服务的保证。

二、会计信息化档案管理的任务

(一) 监督、保证按要求生成各种档案

按要求生成各种档案是档案管理的基本任务。一般来说，各种开发文档应由开发人员编制，会计部门应监督开发人员提供完整、符合要求的文档；各种会计报表与凭证应按国家的要求打印输出；各种会计数据应定期备份，重要的数据应强制备份；计算机源程序应有多个备份。

(二) 保证各种档案的安全与保密

会计信息是加强经济管理、处理各方面经济关系的重要依据，绝不允许随意泄露、破坏和遗失。各种会计信息资料的丢失与破坏自然会影响到会计信息的安全与保密；各种开发文档及程序的丢失与破坏都会危及运行的系统，从而危及系统中会计信息的安全与完整。所以，各种档案的安全与保密是与会计信息的安全密切相关的，我们应加强档案管理，保证各种档案的安全与保密。

(三) 保证各种档案得到合理、有效的利用

档案中的会计信息资料是了解企业经济情况、进行分析决策的依据；各种开发文档是系统维护的保障；各种会计信息资料及系统程序，是系统出现故障时，恢复系统，保证系统连续运行的保证。

三、会计信息化档案管理的方法

(一) 会计信息化档案的生成与管理办法

计算机代替手工记账后，会计档案除指手工编制的凭证、账簿和会计报表外，还包括计算机打印输出的会计凭证、会计账簿、会计报表，存有会计信息的存储介质，会计信息

系统开发的全套文档资料或商品化会计软件的使用与维护手册。

1. 记账凭证的生成与管理

计算机代替手工记账单位的记账凭证有两种方式：

（1）由原始凭证直接录入计算机，计算机打印输出

在这种情况下，记账凭证上应有录入员的签名或盖章，稽核人员的签名或盖章，会计主管人员的签名或盖章，有关姓名也可由计算机打印生成。收付款记账凭证还应由出纳人员签名和盖章。

（2）手工事先做好记账凭证，计算机录入记账凭证然后进行处理

在这种情况下，保存手工记账凭证与机制凭证皆可，需要强调的是，在计算机记账后发现记账凭证录入错时，保存手工记账凭证的，须同时保存为进行冲账处理而编制的手工记账凭证；保存机制记账凭证的，须同时保存进行冲账处理的机制记账凭证。

2. 会计账簿、报表的生成与管理

已由计算机全部或部分代替手工记账的，其会计账簿、报表以计算机打印的书面形式保存。但财政部的规定同时考虑到计算机打印的特殊情况，在会计资料生成方面进行了一些灵活规定，除要求日记账每天打印外，一般账簿可以根据实际情况和工作需要按月或按季、按年打印；发生业务少的账簿，可满页打印。现金、银行存款账可采用计算机打印输出的活页账页装订。

3. 存储介质的管理

存有会计信息的存储介质，在未打印成书面形式输出之前，应妥善保管并留有副本。一般说来，为了便于利用计算机进行查询及在会计信息系统出现故障时进行恢复，这些介质都应视同相应会计资料或档案进行保存，直至会计信息完全过时为止。

4. 系统开发的文档资料的管理

系统开发的全套文档资料，视同会计档案保管，保管期截至该系统停止使用或有重大更改之后的5年。

（二）会计信息系统档案管理制度

档案管理一般是通过制定与实施档案管理制度来实现的。档案管理制度一般包括以下内容：

1. 存档的手续

主要是指各种审批手续，比如打印输出的账表必须有会计主管、系统管理员的签章才能存档保管。

2. 各种安全保证措施

比如备份的刻录光盘上应贴写保护标签，存放在安全、洁净、防热、防潮的场所。

3. 档案使用的各种审批手续

比如调用源程序就应由有关人员审批，并应记录调用人员的姓名、调用内容、归还日期等。

4. 各类文档的保存期限及销毁手续

比如打印输出账簿就应按《会计档案管理办法》的规定保管期限进行保管。

5. 档案的保密规定

比如任何伪造、非法涂改变更、故意毁坏数据文件、账册、存储介质等行为都将进行相应的处理。

四、会计信息化档案管理举例

（一）会计档案的收集和整理

1. 会计凭证的收集和整理

会计凭证是会计档案的重要组成部分，是记载经济活动的书面证明，是会计核算的重要依据。对凭证要做到装订整齐、完整、牢固、妥善保管，便于查阅。第一，要把所有应归档的会计凭证收集齐全。按凭证顺序号和本号检查有无短缺，机制凭证和手工凭证是否齐全，剔除不属于会计档案范围和没必要归档的一些资料，补充遗漏的必不可少的核算资料。第二，与主要负责凭证打印、装订工作的人员办理存档手续。第三，根据适当厚度按本统一装订，避免装订过厚或过薄，过厚则不好保管，容易散失。第四，认真填好会计凭证封面，封面各记事栏是事后查找有关事项的最基础的索引和依据。

2. 会计账簿的收集和整理

会计账簿是指由计算机提供的打印功能打印出总账、明细账、日记账等会计账簿。根据人员的职责规定，各业务口的会计账簿由各业务经办人打印，分别保管。

年度终结时，必须将1年的会计账簿都打印出来统一整理，与档案管理员办理存档手续。检查打印的会计账簿是否按序号打印，是否有残缺、遗漏。然后，将各账簿按照会计科目排列，加封面后装订成本。会计账簿封面的有关内容要写全。"单位名称"要写全称，"账簿名称"要写账簿的全称，不要写科目代码；"账簿页数"要写账的有效页数；会计主管人员和记账员都应盖章或签字。

3. 会计报表的收集和整理

会计报表是指由计算机根据主管部门统一规定设计格式打印出的外部报表。根据人员职责的规定，由主管报表的人员统一收集、整理和保存。年终，将全年的会计报表与档案管理员办理存档手续。在检查无误后，按时间顺序加封面后装订成册。封面要逐项写明报表名称、页数、日期等，经会计负责人审核盖章后，可归档保存。

4. 开发文档资料的收集和整理

会计信息系统开发的文档资料，视同会计档案保管。由开发人员根据系统开发进展程度统一收集、整理并交档案管理员存档。对于使用通用会计软件的单位，其所购买软件的使用手册、合同、软件等都应存档。

5. 存储介质数据的收集和整理

存储在硬盘上的会计数据必须建立存储介质备份。账务数据和报表数据的备份数据由系统管理员统一建立。备份次数每月不得少于一次。备份存储介质与档案管理员办理存档手续。用作备份的存储介质必须妥善保管。备份介质应贴上标签并用印章或封条签封。存储介质要存放在安全、洁净、防热、防潮、防磁的场所，并定期进行转存储。

（二）会计档案的保管和利用

第一，只有由会计软件提供的打印功能打印出的会计凭证、会计账簿、会计报表等核算资料，经过主管领导和管理员的签字或盖章认可，才能作为正式的书面档案资料保存。带有"查询"字样的会计凭证、会计账簿等会计核算资料不能作为正式的书面档案资料保存，有特别情况时，应附上说明并经主管领导签字确认。

第二，会计软件打印出的会计档案发生缺损时，必须补充打印，并由操作使用人员在打印输出的页面上签字或盖章注明，由管理员签字或盖章认可。

第三，各业务经办人与档案管理员办理存档手续，必须填写"档案移交登记表"，以明确责任。

第四，备份的存储介质在存档和查阅时，必须填写档案移交登记表和档案查阅登记表。磁（光）盘会计数据外借使用时，必须经主管领导批准，并只能使用备份介质的副本，正式备份介质不得外借使用。

第五，对于硬盘上的会计数据和作为正式档案备份介质上的数据不得直接进行非会计系统许可的任何操作。

第六，必须加强会计档案的保密工作，任何人如有伪造、非法涂改、故意毁坏数据文件、账册、备份存储介质和装有会计数据的计算机系统等行为，将受到行政处分，情节严重者，将追究其法律责任。

第八章 会计信息化的发展

第一节 大数据与云计算在会计信息化中的机遇和挑战

一、大数据和云计算在企业会计信息化中的应用优势

(一) 降低会计信息化应用成本

大数据和云计算降低会计信息化应用成本体现在3个方面：第一，企业可以从大数据和云计算服务商那里租用IT基础设施，不需要进行巨大的一次性IT投资，彻底省去了购置、安装、管理资源的费用；第二，企业在使用这些资源时，可以按照实际使用量付费，并且可以运用到最新的软硬件资源；第三，传统的会计信息系统需要大量的人力和物力对IT设施进行维护和管理，使用大数据和云计算，软、硬件资源交给更加专业的团队进行维护，既节省成本，又可以获得更高的性能和可靠性，企业可以更专注于对自身发展有长远作用的战略性活动。

(二) 提升会计信息化专业水平

大数据和云计算服务提供商雇用了专业的会计人员和行业专家，他们对业务有深刻的理解并拥有丰富的管理经验。即使不同行业的企业，也可以及时获得业务管理最有针对性的解决方案。会计人员的工作变得更加方便快捷，管理者能够实时掌握企业的财务状况，快速识别和控制企业风险，增加数据管理的可靠性。

大数据和云计算将财务数据放在云端，有专业的团队帮助企业管理信息，有专业的数据中心帮助企业备份数据。云计算采取的是大规模分布式存储方式，这种方式通常把完整的数据实体切割成若干的"块"或者"碎片"，然后将每一个"块"或者"碎片"通过互联网存储在多个远程的服务器上，如果有非法用户想要盗取云中数据，必须获得存储所有"块"的服务器的访问权限，这几乎是不可能的。另外，这种分布式存储方式会在不同的

服务器上对分块文件建立副本,因此,即使一台服务器发生故障,也不会导致数据丢失。

(三) 提高工作效率

从企业内部看,未来更多的经济交易都可以通过资金转移和电子数据交换在网上进行。例如,当经济业务发生时,数据信息通过互联网及时地在云中进行处理,形成相关的会计信息,并可以进一步进行成本控制、预算控制等业务。大数据和云计算强大的计算能力,可以实时形成各种指标和报表,管理者能够迅速了解企业经营状况,识别经营风险。大数据和云计算以内部会计流程为中心,通过信息流协同企业各部门有序合作,进而形成高效率的企业信息一体化流程。

从企业外部看,企业可以随时向上下游企业、客户和合作伙伴索取和提供数据。例如,目前各地税务系统逐渐将云计算系统平台引入到税收信息化建设中,企业可以通过该平台进行各项办税业务;会计师事务所可以通过网络对企业的财务状况及时做出电子版审计报告;企业购销业务的合同采用电子数据的形式在网上进行交互,通过互联网进行资金转移。大数据和云计算通过互联网实时处理企业与外部有关部门之间的财务和会计业务,加快了交易速度,提高了工作效率。另外,企业可以把整个会计流程划分为几个部分,把其中的某一个业务流程交给财务公司、会计师事务所等,这样可以精简人员,使工作更有效率。

二、大数据和云计算对会计信息化的挑战

(一) 数据安全性挑战

如何建立安全、性价比高的存储系统成为业界的普遍需求。云计算系统中用户数据存储在云端,如何保证用户的数据不被非法访问和泄露是系统必须解决的2个重要问题,即数据的安全和隐私问题。云计算系统本身的可扩展性、可用性、可靠性、可管理性等都是要重点解决的问题。

因为云计算和云存储技术的发展,才让大数据的应用成为可能,云计算和云存储技术是解决大数据分析、预测的基本方法。

以云计算和云存储为基础的数据存储、信息分享和数据挖掘,可以高效地将大量、高速、多变的数据存储起来,并随时进行分析与计算,使得从数据中提取隐含的、未知的、具有潜在价值的信息越来越容易,但却给个人隐私和数据安全保护带来极大的挑战。

云存储是在云计算概念上延伸和发展出来的一个新的概念,是一种新兴的网络存储技术,是指通过集群应用、网络技术或分布式文件系统等,将网络中大量的各种不同类型的

存储设备通过应用软件集合起来协同工作，共同对外提供数据存储和业务访问功能的一个系统。

经常听到人们谈论云存储，但是没看过实际的图，人们很难想象云存储到底是什么模样。

与传统的存储设备相比，云存储不仅是一个硬件，而且是一个由网络设备、存储设备、服务器、应用软件、公用访问接口、接入网和客户端程序等多个部分组成的复杂系统。各部分以存储设备为核心，通过应用软件对外提供数据存储和业务访问服务。

云存储所面临的安全问题多种多样，比如由云服务商管理事故或黑客攻击引起的数据损坏、数据窃取、访问控制漏洞等，更有甚者，可能存在些恶意的云服务商，故意隐瞒事故，甚至是直接由经济利益驱使盗卖数据等。不过粗略地划分一下，可以发现，无论是什么样的安全隐患，要么是破坏了数据的完整性，要么是破坏了数据的隐私性。

1. 数据完整性

当用户将数据远程存储至云端后，为了释放本地的存储空间以及降低本地维护管理数据的成本，用户一般会选择不再保留本地的数据备份，那么一个很重要的问题是，如何保证用户存储至云端的数据是完整的。

一个简单而平凡的想法是，我们可以利用传统密码学中的 Hash 算法，先对本地数据计算出一个 Hash 值，验证数据完整性的过程可以分为这样两步：从云端将外包的数据下载至本地；在本地计算这个数据的 Hash 值，和之前计算出的 Hash 值比较，如果一样，则证明数据是完整的。

这样做理论上讲是正确的，但是存在一个很明显的缺点：通信量过大。每一次验证都要将全部数据传输一遍，如果用户需要频繁地执行验证，那么这种通信量是一定不能被接受的。

为了解决上述问题，针对远程云数据的完整性验证的研究快速展开。这些研究成果大多采用"挑战-应答"模式，通过挑战外包数据的部分数据块，以较高概率检测出整个数据集的完整性，此外，由于很多外包至云端的数据是敏感的、机密的，所以几乎所有的数据完整性验证方案还要考虑数据隐私性的保护问题，有关于数据隐私，在后面会有详细的论述。

云计算所提供的新的数据存储模式和传统的本地存储有着本质上的不同，这使得数据完整性验证变成了一个具有挑战性的难题。为了解决这个问题，几乎所有的完整性验证方案都从以下 5 个方面提出了相应的技术需求。

（1）轻量级通信

为此，大多方案使用概率性的验证方案（比如挑战数据块的完整性）。同时，即便是采用这种计算标签的"挑战应答"协议，也要使得用户所需要传送和接收的信息量尽可能低。

（2）支持动态更新

云存储需要支持数据的动态更新，对于用户而言，长期存档使用的，不需要更新的数据量毕竟有限，更多的是一些需要即时更新的数据。所以，更新过程不能为用户或者云造成过大的通信及计算代价。

（3）更加准确

因为大多完整性验证是概率性的，所以要能够保证这些方案尽可能以接近100%的概率正确验证数据完整性。

（4）更加高效

"挑战应答"更加节省用户及云服务商的计算代价，例如引入第三方审计者的方案，就是为了解决这个问题。

（5）更加安全

在验证数据完整性时，特别是将审计任务外包给一个第三方审计者的情况下，要能够应对各种能力的敌手对用户数据隐私的攻击。

针对上述技术需求，我们在已有方案的基础上，针对新的应用环境提出了对于数据完整性验证的改进策略。

2. 数据隐私性

与数据完整性所带来的安全问题相比，数据隐私性的风险更加严重和普遍。数据时代，数据就是资源，就是金矿，谁掌握了数据，谁就掌握了时代的脉搏。所以，几乎任何商业竞争，到最后都是对于数据的竞争，所以无论用户出于何种考虑将数据外包，一个最需要谨慎考虑的问题就是数据的机密性以及用户的其他隐私，例如企业用户外包的可能是商业机密数据，政府机构外包的是社会统计数据，医疗、金融这些机构外包的数据，类似于健康记录、财务状况等，都严重涉及用户隐私。虽然说，具有更稳定服务性能的云存储技术会在一定程度上比传统的本地数据存储更有优势，比如通过部署集中的云计算中心，可以组织安全专家以及专业化安全服务队伍实现整个系统的安全管理，避免不专业导致安全漏洞频出而被黑客利用。但是，与此同时，云存储的集中管理却更容易成为黑客攻击的重点目标。由于系统的巨大规模以及前所未有的开放性与复杂性，其安全性面临着比以往更为严峻的考验。以上这些安全隐患，使得数据隐私性这个传统概念在云计算的大环境下有了新的意义。首先我们要搞清数据隐私性与数据机密性的区别。所谓数据机密性，这是一个较为狭隘的概念，指数据内容本身的保密性；而数据隐私性则含义更为广泛，既指数据外包的数据内容本身，也指由外包数据、读取数据、检索数据等一系列操作所带来的关于用户身份、癖好、习惯等一系列涉及隐私的数据。

当前数据隐私性的风险来源大致有以下 4 个方面：

第一，由云服务器管理者的管理疏忽或黑客攻击造成的数据泄露，也是当前最常见的隐私问题。

第二，由恶意的云服务商主动造成的数据泄露，云服务商通过这种恶意盗卖数据，以谋取自身经济利益。这种情况有两种特征：由于这属于极度恶劣的违法行为，所以发生率不高，但不是不可能；如果用户外包的是明文形式的数据，那么一旦这种情况发生，数据机密性将一定被破坏。

第三，由云计算的动态虚拟化机制引发的安全问题。

第四，由用户数据访问造成的隐私性泄露。

用户将数据存储至云端当然不仅仅是"存"这么简单，更复杂的问题是数据的访问，因为多数情况下存储至云端的数据是经过加密的，那么很多明文上方便使用的功能，在密文上就变成了一个难点如何操作密文数据，同时不暴露任何与用户相关的隐私，也是当前的研究热点针对这些数据隐私方面存在的安全隐患，一个简单而有用的方法是对数据在外包前加密，这也是云环境下，隐私保护最常用的方法。传统的对称加密算法，比如 DES、AES 显然已出现了几十年，但即便在当今，普遍计算能力早已超越当年好几倍，这些加密算法也依然表现出可靠的安全性以及良好的实现性能。然而，我们需要解决的一个问题是：如何在云端所存储的加密数据上，执行以前能在本地存储的明文数据的操作，包括查找、读取、计算、修改等。技术上讲，对于外包的加密数据，既要能够保证准确、高效的数据使用，又要保证整个数据使用过程的安全性（特指保护数据机密性以及其他用户隐私）。

除了加密之外，还有另外一种常见而有效的方式是对数据分类处理，将关键的机密数据单独放在个别服务器上，与其他的服务器进行隔离。在 Hadoop 平台上构建了一种混合云的存储模型，在保证安全性的同时，也提高了存储数据的传输速度与检索效率。

（二）管理型财务向价值型财务体系转型的挑战

大数据时代带来的挑战已深入各行业、各企业的业务体系。财务系统及资产管理部门须积极提升企业绩效管理能力与风险管理水平，推动企业关键信息的整合，实现更高的利润增长和投资回报。在云计算应用模式下，新的管理方式能够被很快集成在云中，企业可以根据自己的需求选择相应的服务。由于系统部署在云端，软件服务、业务服务均可在云端进行。财务管理的云服务化，使财务管理可以在任何地域实现。财务管理活动中，企业内外部的相关数据信息都要通过财务流程来进行相应的处理，生成有利于决策的财务报表，其处理的数据量是巨大的。数据仓库、数据挖掘等技术的发展，为财务信息系统实现智能化、远程化、实时化提供了有力的技术支持，使得财务信息系统提供实时财务信息成为可能。由于国内企业信息化多发端于财务部门，原有的财务管理体系正按照信息系统的架构方式逐步进行配置与展开，信息化管理已经成为推动提升股东价值战略的重要杠杆，使得企业从管理型财务向价值型财务体系转型。在价值型财务体系中，财务人员的工作将聚焦于价值管理和价值创造。在这个过程中，以云计算为代表的新一轮技术进步，对完成向价值创造型财务的转型具有催化作用，在迈向"财务智慧新时代"的进程中，以云计算、大数据和共享中心为代表的主流IT应用成为价值创造型财务体系的重要技术支撑。

第二节　云计算环境下的中小企业会计信息化模式

一、云计算概述

以前由于条件的限制，个人使用计算机软件与企业建立和开发系统，都需要一定的预算。例如，个人首先需要在自己的电脑上安装各种软件，这些软件有些免费，而有些则需要额外付费。即使是不经常使用的付费软件，也需要购买后才能使用。而对于企业来说，如果需要建立一套软件系统，除了需要购买硬件等基础设施外还需要购买软件的许可证，同时，需要由专门的人员维护。随着企业规模的扩张和需求的增加，各种软、硬件设施需要通过不断升级来完成工作、获取盈利、提高效率。但事实上，企业真正所需要的并不是计算机的硬件和软件本身，如何通过租用和共享来减少支出，对企业来说，真的是再好不过。

部分服务提供商抓住这个机会，纷纷开始思考：为给个人和企业用户提供更多的便捷，是否可以提供某种服务，例如，将软件以租赁的方式提供给用户？这样，用户只需要交纳少量租金，就可使用这些软件服务，不仅能够节省许多购买软、硬件的资金，还能够及时更新服务资源。在计算机应用中推广这种服务模式的想法最终导致了云计算的产生。

云计算改变了人们的生活和工作方式，为人们的生活提供了无限的可能。用户的计算机只需要通过浏览器给"云"发送请求然后接收数据，就能便捷地使用云服务。这样一来，计算机不再需要过大的内存，甚至也不需要购买硬盘和安装各种应用软件，但仍然能获得海量的计算资源、存储空间和各种应用软件等。

(一) 云计算的概念

由于人们对云计算的认识还不够全面，云计算也在不断地发展和变化中，因此目前云计算并没有非常严格和准确的定义。

在计算机还没有普及的20世纪60年代，计算机可能变成一种公共资源。从云计算概念的提出到不断推广和逐步落地，其作为IT产业的革命性发展趋势已经不可逆转，甚至被称为当今世界的第三次技术革命，但到底什么是云计算，却是众说纷纭，有许多种定义，让人云里雾里。

云计算已经成为一个大众化的词语，似乎每个人对于云计算的理解各不相同，云计算的"云"就是存在于互联网上的服务器集群上的资源，它包括硬件资源（服务器、存储器、CPU等）和软件资源（应用软件、集成开发环境等），本地计算机只需要通过互联网发送一个需求信息，远端就有成千上万的计算机为用户提供需要的资源并将结果返回给本地计算机。最近几年，云计算这一概念经常成为各大报道的头条，虽然大部分人对云计算的真正含义还不是很了解，但是不得不承认，云计算技术在社会生活的诸多领域中已经开始运用。云计算是一种具有开创性的新计算机技术，它是传统计算机和网络技术发展到一定阶段融合的产物。通过互联网提供计算能力，就是云计算的原始含义。

云计算是基于互联网服务的增加、使用和交付模式，通常涉及通过互联网来提供动态、易扩展且经常是虚拟化的资源。

云计算能提供更多的厂商和服务类型。云计算的应用和影响力日益扩大，并成为新兴、战略性产业之一。

在云计算环境下，用户形成了"购买服务"的使用观念，他们面对的不再是复杂的硬件和软件，而是最终的服务。用户不需要购买硬件设施实物，节省了购买费用，同时可以节省等待时间（漫长的供货周期和冗长的项目实施时间），只需要把钱汇给云计算服务提供商，就能立刻享受服务。云计算的最终目标是将计算、服务和应用作为一种公共设施提供给公众。

(二) 云计算的特征

目前，大众普遍接受的云计算具有以下特点：

1. 规模化

云计算"资源库"拥有的规模相当大，一般由较多台机器组成"云"的集群，企业的云系统一般拥有几十万台到100多万台服务器，企业的私有云一般也拥有成百上千台服务器不等。

2. 虚拟化

在互联网的基础上建立了云计算，而互联网本身就是一个虚拟的世界，因此，云计算技术也是虚拟的。事实上，可以把云计算类比成一个存在于网络虚拟世界里的"资源库"，所有用户请求的来源都出自"资源库"，并非一个个固定的实体。

3. 可靠性高

将资料存储在硬盘里或计算机中，硬盘或计算机一旦出现故障，或者云系统一旦崩溃，自己的资料会不会无法找回？实际上，"云"使用了数据多副本容错、计算节点同构可互换等措施来保障服务的高可靠性，使用云计算比本地计算机的可靠性要高。因为数据被复制到了多个服务器节点上拥有多个副本（备份），即使遇到意外删除或硬件崩溃存储在云里的数据也不会受到影响。

云计算技术相比于传统的互联网应用模式，它不仅能够从各个方面确保服务的灵活性、高效性和精确性，还能够为用户带来更完美的网络体验以及为企业创造更多的效益。

4. 通用性

为了给用户提供更大的便利，在"云"的支持下可以构造出千变万化的应用，同一个"云"可以支持不同的应用同时运行，用户对是否通用并不用担心。

5. 可扩展性高

为了能够满足应用和用户规模增长的需要，云计算的规模可以动态伸缩，用户可以根据自己的需要进行扩展。

6. 按需服务

云计算有一个庞大的资源库，用户按需购买，可以充分利用资源，不造成资源浪费。

7. 成本低

云计算技术拥有强大的容错能力，其节点的构成成本非常小。用户和企业都能认可它所创造的价值。例如，利用云计算只要花费几百美元和几天时间就能完成以前需要数万美元和历经数月才能完成的任务。

8. 资源的共享性

达到资源共享是云计算运行的目的，同时也是对用户的主要贡献之一。其可以不受地域的限制，即便用户处于世界的另一端，只要被网络覆盖，用户对云数据的需求都能够得到满足。拥有庞大的计算机服务器系统的云计算系统的服务商，它们能够通过网络，建立起一个足够大的平台，然后在这个平台中，用户的计算机或者手机能够获取所需的服务，这样极大地增加了知识和信息的共享性，同时服务商的运营成本也得以降低，真正优化配置了资源。

（三）云计算的应用

云计算作为一项涵盖面广且对产业影响深远的技术，已逐步渗透到信息产业和其他产业的方方面面，并将深刻改变产业的结构模式、技术模式和产品销售模式，进而深刻影响人们的生活。随着云计算的不断发展，云计算的应用也将越来越广泛。

近年来，金融行业加快了云计算的应用步伐。目前我国银行、证券、保险机构正分批次将所有的系统，先从不重要的再到核心的，全部部署在自行搭建的私有云或由云服务商搭建的私有云或公有云上。在金融行业中，银行云计算应用居首，保险次之，但后续发展劲头强劲，中小金融机构对金融云的需求也在提升。

云计算技术可以充分满足互联网金融企业对于IT系统高度弹性、快速部署、按需选择、按量收费、灵活伸缩的诉求，为互联网金融赋能，广泛应用于P2P、第三方支付、众筹、金融网销等互联网金融业务场景。互联网金融巨头可以构建云平台，而中小互联网金融企业可以直接购买云服务商产品。下面就云计算互联网金融应用场景进行介绍。

1. 互联网金融云平台

在快速变化的互联网金融行业里，云计算实际上就是互联网金融的支撑平台，它为整个互联网金融的发展奠定了一个安全、可靠、坚实的基础。

云平台采用开放的分布式互联网技术架构，维护系统安全稳定，按互联网金融多服务场景灵活匹配订制。云服务可快速接入并支持自主选择模块。通过智能授权和大数据分析的场景化应用进行风险趋势分析，完善金融企业的风险管控体系。

（1）综合互联网金融云平台

互联网金融云平台，可以为客户打造一站式整体线上金融服务解决方案，帮助客户提升获客、营销、客服、产品、支付、风控等互联网金融平台基础能力。

（2）互联网金融方案

互联网金融方案适合初创的互联网金融公司快速搭建平台，满足在开业筹备期间快速完成各类监管验收所需的系统搭建和业务功能。

初创互联网金融公司的关键系统是风控系统和网申系统，通过合理的网络和部署规划，可在云平台上实现高安全和高可用的规划、方案；确立面向互联网业务的应用体系，决定互联网应用在应用架构内的位置和边界，确立系统间的关联关系，形成应用架构基线。

架构优势：提供互联网金融业务系统架构参考；按需规划网络、部署方案；确定云计算的使用范围，规划安全体系。

（3）互联网金融安全方案

搭建成熟稳定的安全体系，适用于发展中的互联网金融公司，可保障网络安全、主机安全、移动安全，并结合安全大数据分析技术对未知威胁进行感知与呈现。

架构说明：可保障网络安全、主机安全、移动安全；结合安全大数据分析技术对未知威胁进行感知与呈现，对于可视化威胁的情况，展示入侵路径，溯源给出攻击者画像；给互联网金融用户一支安全运营团队，保证互联网金融用户更安全、可靠地开展业务。

架构优势：轻松应对 DDoS 攻击；严密的防控手段；预防敏感数据泄露；发现未知威胁。

2. 云计算在互联网金融的应用场景

（1）云支付

云支付指的是基于云计算架构，依托互联网和移动互联网，以云支付终端为载体，为包括个人、家庭、商户、企业在内的客户提供以安全支付为基础的结算、金融业务、信息、电子商务、垂直行业应用、大数据等各种云服务的新一代支付模式。

云支付可以克服移动支付可能发生的商户不支持、安全隐患及付费失败等问题，以提高支付流程的安全性和稳定性，提升用户信心，减少用户投诉。以腾讯云支付为例，腾讯云支付至今的订单故障率在每百万单以下，中间态的恢复时间一般在 10 秒以内。

一个构建良好的云支付，基本上可以在保证数据安全性的基础上，为商户服务商提供简单、易用、数据视图一致、逻辑视图一致、用户视图一致的商业支付解决方案，降低商户/服务商使用第三方支付的门槛，降低错误率，提升用户信心，保障用户和商户的资金安全。

（2）客户征信：云征信

云征信采用分布式零存储创新模式，数据更安全。一站式查询所有的征信数据，方便快捷；行业 P2P 平台对接联盟，有效预防多头贷款，抵制行业老赖；采取点对点连接查询（即分布式查询），数据提供方为知名 P2P 平台、征信公司、大数据公司，在保证数据来源可靠性的同时又保证了数据的安全性。

云征信平台通过云端整合对象各方面关联数据，云端分发，回应客户查询请求。

（3）P2P 网贷平台

P2P 网贷平台即网络借贷信息中介平台可以借助云计算、移动支付、大数据和人工智能等先进科技手段，实现出借者和融资者的资金融通，满足双方的投融资需求，最终实现多方共赢。

（4）借贷反欺诈

云计算可以克服网络借贷中常见的欺诈问题，及时预警潜在的针对客户的欺诈风险，使信贷欺诈显形。

通过腾讯云的人工智能和机器学习能力，准确识别恶意用户与行为，解决客户在支付、借贷、理财、风控等业务环节遇到的欺诈威胁，帮助客户提升风险识别能力，降低企业损失。

①贷前审核

借贷反欺诈适用于银行、互联网金融、P2P等金融行业的借贷场景，有效提高欺诈风险识别能力，降低企业损失。通过贷前审核，快速判断申请人的欺诈风险，有效识别黑白用户。

②消费分期

适用于消费金融、银行、电商平台等消费分期场景，提高欺诈风险识别能力，避免用户钱货两空。

二、基于云计算的中小企业在选择会计信息化建设模式

云计算是一种商业计算模型，它将计算任务分布在大量计算机构成的资源池上，使用户能够按需获取计算力、存储空间和信息服务。云计算的3个基本架构（服务模式），即软件即服务、平台即服务和基础设施即服务。不同的云层，提供不同的云服务。那么基于云计算的中小企业在选择会计信息化建设模式分为以下三种。

（一）软件即服务

SaaS是一种基于互联网提供软件服务的应用模式，即提供各种应用软件服务。用户只须按使用时间和使用规模付费，不须安装相应的应用软件，打开浏览器即可运行，并且不需要额外的服务器硬件，实现软件（应用服务）按需订制。在用户看来，SaaS会省去在服务器和软件授权上的开支；从供应商角度来看，只需要维持一个应用程序就够了，这样能够减少成本。SaaS主要面对的是普通用户。

相较于大型企业，SaaS模式提供了更好地解决中小企业会计信息化的方案。在SaaS模式下，中小企业资金实力不足以自己开发组建内部云计算平台，而且数据也不像大型企业那么庞大，根据成本效益原则，租赁云计算平台比较合理。SaaS之所以能成为中小企业新宠，是由于它在降低中小企业自身运营维护风险的同时降低了维护和人员成本，充分利用互联网在线服务，把财务系统软件作为应用程序放在云平台中供企业按需租用资源。比如在云平台中部署有会计核算管理系统、固定资产管理系统、报表生成应用系统、存货管

理系统等与会计信息化系统应用相关的模块,用户订购自己所需业务模块,不需要购买软件许可和安装须支持的软硬件,从传统的一次性财务软件买卖关系变为长期的客户服务关系。在这个平台中,管理者可以随时随地掌握最新发布的财务数据,以便企业利用有价值数据进行内外部沟通协调,尽早发现企业资金利用缺陷和财务管理漏洞,大幅度提升资金利用效率和管理效果,抢占市场,响应变化,顺应潮流。这个模式对推动中小企业会计信息化无疑是不错的选择。

(二) 平台即服务

PaaS 是把应用服务的运行和开发环境作为一种服务提供的商业模式。即 PaaS 为开发人员提供了构建应用程序的环境,开发人员无须过多考虑底层硬件,可以方便地使用很多在构建应用时的必要服务。

Google App Engine (应用引擎) 提供了一种 PaaS 类型的云计算服务平台,专为软件开发者制定。Google App Engine 是由 Python 应用服务器群、BigTable 数据库访问及 GFS 数据存储服务组成的平台,它能为开发者提供一体化的、提供主机服务器及可自动升级的在线应用服务。用户编写应用程序,Google 提供应用运行及维护所需要的一切平台资源。在 Google App Engine 平台上,开发者完全不必担心应用运行所需要的资源,因为 Google App Engine 会提供所有的东西。开发者更容易创建及升级在线应用,而不用花费精力在系统的管理及维护上。

Google App Engine 这种服务让开发人员可以编译基于 Python 的应用程序,并可免费使用 Google 的基础设施来进行托管(最高存储空间达 500MB)。超过此上限的存储空间,Google 以 CPU 内核使用时长及存储空间使用容量按一定标准向用户收取费用。

Google App Engine 和 Amazon 的 S3、EC2 及 SimpleDB 不同,因为后者直接提供的是一系列硬件资源供用户选择使用。

PaaS 的关键技术有 2 个:一个是分布式的并行计算;另一个是大文件分布式存储。分布式并行计算技术是为了充分利用广泛部署的普通计算资源实现大规模运算和应用的目的,实现真正将传统运算转化为并行计算,为客户提供并行服务。大文件分布式存储是为了解决海量数据存储在廉价的不可信节点集群架构上数据安全性及运行性的保证。

虽然 SaasS 模式对推动中小企业会计信息化优点多多,但是也有一定的局限。作为对 SaaS 的进一步延伸和发展模式,PaaS 可以改进 SaaS 的不足之处。与 SaaS 模式提供标准化应用程序不同的是,PaaS 可以灵活满足中小企业个性化需求,因为不同规模和行业的中小企业对财务报表信息的侧重点是不同的,外部环境也随时可能发生巨变,统一化的财务软件就不能很好地与企业实际业务流程和环境契合,缺乏从企业自身角度的考虑。如果不能适应企业的财务流程，则会引起内部财务人员的抵抗，给财务工作的顺利展开带来困难，进而给企业带来损失。基于这些原因，PaaS 模式下服务提供商站在企业的角度，让企业用户加入财务系统的开发过程。指导理念是将开发会计信息系统的任务从服务商转移到企业自身。具体过程就是熟悉企业财务流程用户和技术专家组成团队，量身定做自己的财务系统，服务商只是提供一个个性化的服务平台，用户仅仅是利用它提供的服务器、平台、开发工具等，财务人员把系统流程需求传递给技术专家后，他们据此利用平台的开发环境（如系统编程语言、开发程序、数据模型等）订制开发应用系统。初步开发后再结合财务人员的实际使用效果设置和更改部分参数，比如基本配置、人员访问规则和授权、数据保密级别。如有更复杂的需求，可以由软件工程师修改编程语言和程序、脚本设计。这个过程要求财务人员和系统开发人员高度互动，相互协同，从而使其贴近企业真实的财务管理流程。与以前的企业自行开发进行企业财务管理信息化建设相比较，采用 PaaS 模式大幅缩短了开发周期，更重要的是符合企业个性需求，间接提高企业在 IT 上的投资回报率，在 PaaS 平台上订制化开发将是一种长期的发展趋势。

（三）基础设施即服务

IaaS 为 IT 行业创造虚拟的计算和数据中心，使得其能够把计算单元、存储器、I/O 设备、带宽等计算机基础设施，集中起来成为一个虚拟的资源池来为整个网络提供服务。IaaS 提供接近于裸机（物理机或虚拟机）的计算资源和基础设施服务。

IaaS 的典型代表是 Amazon 的云计算服务的 AWS 平台，它提供了 2 个典型的云计算平台：弹性计算云 EC2 和简单存储服务 S3、EC2 完成计算功能，在该平台上用户可以部署自己的系统软件，完成应用软件的开发和发布。S3 完成存储计算功能，S3 的基础窗口是桶，桶是存放文件的容器。S3 给每个桶和桶中每个文件分配一个 URI 地址，因此用户可以通过 HITITP 或者 HITPS 协议访问文件。收费的服务项目包括存储服务器、带宽、CPU 资源以及月租费。

IaaS 的关键技术及解决方案是虚拟化技术。使用虚拟化技术，将多台服务器的应用整合到一台服务器上的多个虚拟机上运行。其中，有五台独立的服务器，每个服务器有其相应的操作系统和应用程序，但每台服务器的利用率都很低，为了充分利用服务器，将五台服务器上的应用整合到一台服务器上的多个虚拟机上运行，其利用率大大提高。计算虚拟化提高了服务器资源的利用率，安全可靠地降低了数据中心所有成本 TCO。

虚拟化技术的一些主要功能可以用来应对数据中心面临的挑战，这些主要功能之一就是分区。分区意味着虚拟化层为多个虚拟机划分服务器资源的能力，每个虚拟机可以同时运行一个单独的操作系统（相同或不同的操作系统），从而实现在一台服务器上运行多个应用程序，每个操作系统只能"看"到虚拟化层为其提供的虚拟硬件（虚拟网卡、SCSI卡等），使它认为运行在自己的专用服务器上。

虚拟化技术的另一个主要功能是隔离。如某个虚拟机崩溃或故障（如操作系统故障、应用程序崩溃、驱动程序故障等），不会影响同一服务器上的其他虚拟机。在某个虚拟机中的病毒、蠕虫等与其他虚拟机相隔离，就像每个虚拟机都位于单独的物理机器上一样。虚拟化技术还可以进行资源控制以提供性能隔离，即可以为每个虚拟机指定最小和最大资源使用量，以确保某个虚拟机不会占用所有的资源而使得同一系统中的其他虚拟机无资源可用。

传统模式下，企业要发展会计信息化首要是购买昂贵的基础设施如专用服务器、存储设备，建立数据中心，这些往往投资大、回报慢，直接延缓了中小企业会计信息化进度。而在IaaS模式下，这些基础设施投资由专门服务商提供，利用先进的服务器虚拟技术把网络资源、存储功能、网络一系列资源转化为可计量出租的商品。企业在需要的时候交付相应租金即可使用对应的计算能力，服务商拥有所有权，负责机房、机器等日常维护。这种模式并非指企业不需要投资所有的基础设施，对于必要的基础设施，可以比较自行购买建设或者外包建设的成本进行最优选择。新建中小企业的初期规模小、业务少，会计信息化系统太过完美则会闲置浪费计算资源和资金，有的企业的业务有明显的季节性变化，淡季时闲置了大量的资源，而旺季时大量业务数据需要处理分析挖掘，资源需求量将会激增。针对这些对资源需求不均衡的矛盾情况，IaaS模式帮助企业实现了成本最低化、价值最大化。除了必要的基础设施，需求量高峰期可以采用租赁服务来应对，不需要时再返还给服务提供商，降低企业的基础设施投资成本，实现资金的高效率投资，达到IT资源供需的平衡。

三、基于云计算的中小企业会计信息化网络设计方案

构建基于云计算的中小企业会计信息化模式有三种网络设计方案，分别是自行建网、互联网和虚拟专用网。其中自行建网对于中小企业的实施难度较大，虽然中小企业可以完全依据自己的需求合理建设网络，数据安全性能最高，自主性较强，但是构建和维护成本需要自身承担，不适合中小企业。公共互联网因为使用成本低，信息沟通速度快，交换形式多样，有图片、视频、文字等，不受空间和时间限制，而广受欢迎。但是一些财务核心机密数据不宜使用公共互联网传递，网络不稳定时传输速度受影响且安全性能较低，可适用于一般数据的传输。

云存储是由第三方运营商提供的在线存储系统，如面向个人用户的在线网盘和面向企业的文件、块或对象存储系统等。云存储的运营商负责数据中心的部署、运营和维护等工

作，将数据存储包装成服务的形式提供给客户。云存储作为云计算的延伸和重要组件之一，提供了"按需分配、按量计费"的数据存储服务。因此，云存储的用户不需要搭建自己的数据中心和基础架构，也不需要关心底层存储系统的管理和维护等工作，并可以根据其业务需求动态地扩大或减小其对存储容量的需求。

云存储通过运营商来集中、统一地部署和管理存储系统，降低了数据存储的成本，从而也降低了大数据行业的准入门槛，为中小型企业进军大数据行业提供了可能性。云存储背后使用的存储系统其实多是采用分布式架构，而云存储因其更多新的应用场景，在设计上也遇到了新的问题和需求。另外，云存储和云计算一样，都需要解决的一个共同难题就是关于信任问题——如何从技术上保证企业的业务数据放在第三方存储服务提供商平台上的隐私和安全，的确是一个必须解决的技术挑战。

存储虚拟化是云存储的一个重要技术基础，是通过抽象和封装底层存储系统的物理特性，将多个互相隔离的存储系统统一为一个抽象的资源池的技术。通过存储虚拟化技术，云存储可以实现很多新的特性。比如，用户数据在逻辑上的隔离、存储空间的精简配置等。

虚拟化技术其实很早以前就已经出现了，虚拟化的概念也不是最近几年才提出来的。虚拟化技术最早出现于20世纪60年代，那时候的大型计算机已经支持多操作系统同时运行，并且相互独立。如今的虚拟化技术不再是只支持多个操作系统同时运行这样单一的功能了，它能够帮助用户节省成本，同时提高软硬件开发效率，为用户的使用提供更多的便利。尤其近年来，虚拟化技术在云计算与大数据方向上的应用更加广泛。虚拟化技术有很多分类，针对用户不同的需求涌现出了不同的虚拟化技术与方案，如网络虚拟化、服务器虚拟化、操作系统虚拟化等，这些不同的虚拟化技术为用户很好地解决了实际需求。

云计算与云存储依赖虚拟化技术实现各类资源的动态分配、灵活调度、跨域共享，从而极大地提高资源利用效率，并使得IT资源能够真正成为公共基础设施，在各行各业得到广泛应用。

维基百科对虚拟化的定义为：虚拟化是将计算机物理资源如服务器、网络、存储资源及内存等进行抽象与转换后，提供一个资源的统一逻辑视图，使用户可以更好地利用这些资源。这些资源的新的虚拟视图不受原物理资源的架设方式、地理位置或底层资源的物理配置的限制。因此，可以说虚拟化是一种整合或逻辑划分计算、存储以及网络资源来呈现一个或多个操作环境的技术，通过对硬件和软件进行整合或划分，实现机器仿真、模拟、时间共享等。通常虚拟化将服务与硬件分离，使得一个硬件平台中可以运行以前要多个硬件平台才能执行的任务，同时每个任务的执行环境是隔离的。虚拟化也可以被认为是一个软件框架，在一台机器上模拟其他机器的指令。

目前广泛使用的虚拟化架构主要有两种类型，根据是否需要修改客户操作系统，分为全虚拟化和半虚拟化。全虚拟化不需要对客户操作系统进行修改，具有良好的透明性和兼容性，但会带来较大的软件复杂度和性能开销。半虚拟化需要修改客户操作系统，因此一般用于开源操作系统，可以实现接近物理机的性能。

在两种基本结构中，虚拟机监视器或虚拟机管理程序是虚拟化的核心部分。VMM 是一种位于物理硬件与虚拟机之间的特殊操作系统，主要用于物理资源的抽象与分配、I/O 设备的模拟以及虚拟机的管理与通信，可以提高资源利用效率，实现资源的动态分配、灵活调度与跨域共享等。

在全虚拟化架构中，VMM 直接运行在物理硬件上，通过提供指令集和设备接口来提供对上层虚拟机的支持。全虚拟化技术通常需要结合二进制翻译和指令模拟技术来实现。大多数运行在客户操作系统中的特权指令被 VMM 捕获，VMM 在这些指令执行前捕获并模拟这些指令。对于一些用户模式下无法被捕获的指令，将通过二进制翻译技术处理。通过二进制翻译技术，小的指令块被翻译成与该指令块语义等价的一组新的指令。

在半虚拟化架构中，VMM 作为一个应用程序运行在客户操作系统上，利用客户操作系统的功能实现硬件资源的抽象和上层虚拟机的管理。半虚拟化技术需要对客户操作系统进行修改，特权指令被替换为一个虚拟化调用来跳转到 VMM 中。虚拟域可以通过 Hypercall 向 VMM 申请各种服务；更新、I/O 处理、对虚拟域的管理等。VMM 为客户操作系统提供了一些系统服务的虚拟化调用接口，包括内存管理、设备使用及终端管理等，以确保全部的特权模式活动都从客户操作系统转移到 VMM 中。

硬件辅助虚拟化是全虚拟化的硬件实现。由于虚拟化技术应用广泛，主流硬件制造商在硬件层面提供了虚拟化支持。当客户操作系统执行特权操作时，CPU 自动切换到特权模式，完成操作后，VMM 通知 CPU 返回客户操作系统继续执行当前任务。硬件虚拟化已被广泛应用于服务器平台。

硬件辅助虚拟化不同于半虚拟化需要对操作系统进行修改，同时也不需要二进制翻译和指令模拟技术，因此比全虚拟化和半虚拟化技术效率都要高。而半虚拟化技术通过改变客户操作系统的代码来避免调用特权指令，从而减少了二进制翻译和指令模拟带来的动态开销，因此通常半虚拟化比全虚拟化速度更快。但是半虚拟化需要维护一个修改过的客户操作系统，因此也将带来一定的额外开销。

在虚拟化系统中，有一个特权虚拟域 Domain 0。它是虚拟机的控制域，相当于所有 VMS 中拥有 root 权限的管理员。Domain 0 在所有其他虚拟域启动之前要先启动，并且所有的设备都会被分配给这个 Domain 0，再由 Domain 0 管理并分配给其他的虚拟域，Domain 0 自身也可以使用这些设备。其他虚拟域的创建、启动、挂起等操作也都由 Domain 0 控制。

此外，Domain 0 还具有直接访问硬件的权限。Domain 0 是其他虚拟机的管理者和控制者，可以构建其他更多的虚拟域，并管理虚拟设备，它还能执行管理任务，比如虚拟机的休眠、唤醒和迁移等。

在 Domain 0 中安装了硬件的原始驱动，担任着为 Domain U 提供硬件服务的角色，如网络数据通信（DMA 传输除外）。Domain 0 在接收数据包后，利用虚拟网桥技术，根据虚拟网卡地址将数据包转发到目标虚拟机系统中。因此，拥有 Domain 0 的控制权限就控制了上层所有虚拟机系统，这也致使 Domain 0 成为攻击者的一个主要目标。

Xen 是由计算机实验室开发的一个开放源代码虚拟机监视器，它在单个计算机上能够运行多达 128 个有完全功能的操作系统。Xen 把策略的制定与实施分离，将策略的制定，也就是确定如何管理的相关工作交给 Domain 0；而将策略的实施，也就是确定管理方案之后的具体实施，交给 Hypervisor 执行。在 Domain 0 中可以设置对虚拟机的管理参数，Hypervisor 按照 Domain 0 中设置的参数去具体地配置虚拟机。

虚拟化技术可以实现大容量、高负载或者高流量设备的多用户共享，每个用户可以分配到一部分独立的、相互不受影响的资源。每个用户使用的资源是虚拟的，相互之间都是独立的，虽然这些数据有可能存放在同在一台物理设备中。以虚拟硬盘来说，用户使用的是由虚拟化技术提供的虚拟硬盘，而这些虚拟硬盘对于用户来说就是真实可用的硬盘，这些虚拟硬盘在物理存储上可能就是 2 个不同的文件，但用户只能访问自己的硬盘，不能访问别人的硬盘，所以他们各自的数据是安全的，是相互不受影响的，甚至各个用户使用的网络接口都是不一样的，所使用的网络资源也是不一样的，使用的操作系统也不一样。

使用虚拟化技术可以将很多零散的资源集中到一处，而使用的用户则感觉这些资源是一个整体。如存储虚拟化技术则可以实现将很多的物理硬盘集中起来供用户使用，用户使用时看到的只是一块完整的虚拟硬盘。

使用虚拟化技术可以动态维护资源的分配，动态扩展或减少某个用户所使用的资源。用户如果产生了一个需求，如需要添加更多的硬盘空间或添加更多的网络带宽，虚拟化技术通过更改相应的配置就可以很快地满足用户的需求，甚至用户的业务也不需要中断。

随着虚拟化技术在不同的系统与环境中的应用，它在商业与科学方面的优势也体现得越来越明显。虚拟化技术为企业降低了运营成本，同时提高了系统的安全性和可靠性。虚拟化技术使企业可以更加灵活、快捷与方便地为最终的用户进行服务，并且用户也更加愿意接受虚拟化技术所带来的各种各样的便利。

未应用虚拟化技术时，操作系统直接安装在硬件上，而应用程序则运行在操作系统中。应用程序独占整个硬件平台，应用虚拟化技术时，则多了一层虚拟化中间层，用于提供对硬件的模拟，这样在该虚拟化层上可以装多个操作系统和多个应用程序，它们之间相互独立。

虚拟化技术可以同时模拟出多个不同的硬件系统，而操作系统则安装在虚拟出来的硬件系统之上，操作系统与应用程序将不再独占整个硬件资源，从而实现了多个操作系统可同时运行的效果。作为云计算与云存储平台的支撑技术，虚拟化为云存储带来了极大的优势。

第一，利用虚拟化技术，云存储资源以服务的方式提供给用户，可以极大地提高资源利用效率，从而降低成本，节约能源消耗。

第二，可以实现资源的动态分配与灵活调度，从而可以根据实际需要实时进行配置，可满足不断变化的业务需求。

第三，可以利用专业的安全服务提高安全性。个人用户很难有专业的安全知识，但云服务提供商可以提供专业的安全解决方案。

第四，使得云存储具有更高的可扩展性，可动态调整资源粒度，并动态进行扩展。

第五，更强的互操作性，云存储可以实现平台无关性，也可以满足各种接口和协议的兼容性。

第六，云服务提供商具备实现容灾备份的条件，可以改善灾难恢复效率。

选择虚拟网作为中小企业发展基于云计算的会计信息化系统适应了未来的发展趋势，用户只须简单在公用网络上接入专线，然后进行相关配置，减少了不必要的软硬件投资成本和企业网络维护成本。VPN隧道经过了层层加密，最大限度地保护数据不被修改或盗用。综上三种网络方案比较，结合自身行业发展阶段特点，中小企可以把核心财务数据和需要内部共享的信息放在基于互联网的VPN，同时把公共互联网作为备选网络。

四、中小企业会计信息化系统与云计算的结合

云计算的出现迅速引领中小企业的新一轮会计信息化变革，把中小企业原来模式下的财务数据和业务处理流程与云模式实现完整高效的衔接非常重要。中小企业需要按业务模块如统计模块、成本费用模块、利润模块、管理固定资产模块、报表模块、查询模块等区分各自处理流程，掌握各自环节中的关键控制点和核心数据，理清彼此之间钩稽关系，从大局出发，要有战略性眼光。可以采用价值链分析方法，把低增值非核心资源通过按需租赁取得，集中精力投身于重要的增值业务中。对中小企业的会计信息化现状分析完后，要引入具有强大技术优势的云计算。基于云计算的中小企业会计信息化模式架构可以分为五层，不同结构对应不同的服务，可以分为应用层结构、云平台服务层、数据中心层、基础设施层、虚拟化硬件层。5个层次有效整合分别发挥作用促进中小企业会计信息化。

应用层结构也就是采用软件即服务搭建中小企业的日常会计核算系统、财务数据查询

系统、薪酬福利系统、经济决策支持系统、财务部门的门户访问以及与会计业务发生密切联系的模块。中小企业需要自行研发会计系统、开发应用环境或者建立数据库，可以灵活应用云平台提供的服务。对于企业的核心会计信息和对决策起重要作用的经济信息，可以利用数据中心层来完成大量的计算处理分析。通过基础设施即服务提供的虚拟硬件资源将可以用的计算资源分配至各用户，比如多大的计算能力，多大的内存空间、硬盘容量，是否需要数据的备份，来按照用户的需要租用给用户，按照使用时间来收费，达到弹性利用计算资源能力。这几个层次提供的服务归根结底都需要通过 Internet 实现基于云计算的会计信息化体系。

利用云计算构建中小企业会计信息化体系应当由三部分构成：第一，会计核算平台，包括总账、日记账、明细账、存货管理账、成本核算账、收入账等具体业务集成的日常财务核算系统；第二，财务管理综合平台，通过企业价值综合分析指标、资金投资分析、筹资管理、运营分析、平衡计分卡等全面预算指标体系创造企业价值最大化；第三，企业管理综合平台，企业的采购、仓储、生产、销售、行政管理、客户服务、售后管理等与财务流程密切相关，要把这些业务有机融合在一起，形成企业信息化管理综合系统。例如，发生某项业务时，业务数据在云平台中传输得到处理，实时记录在会计信息系统中生成财务数据。云计算环境使得企业日常业务如与银行对账、向税务局报税、会计师事务所审计、客户之间交易和会计信息系统整合为一体，方便彼此之间沟通联系，有利于企业内部各个流程之间协作，可以及时反馈外部信息到企业的综合系统中，实时做出决策。

第三节　物联网环境下的会计信息化建设

一、物联网环境下的会计信息化建设实现路径

（一）会计信息化存在的问题及原因

1. 会计信息化存在的问题

（1）会计信息化理论建设滞后

目前的会计理论建设中，有关计算机技术和互联网技术对于会计领域影响的研究很少，从会计信息化建设的理论研究方面来看，其研究明显落后于会计信息化建设的水平，理论研究的滞后制约了会计信息化的发展进程。在会计理论的研究中，我们以会计假设为

例,这是传统会计建立的基石,它规定了会计工作的时间与空间范畴,在传统会计理论中建立在时间和空间"二维"坐标上的"二维平面单向传递"会计观念,在网络环境下,便出现了相对的不适应性。例如,企业是会计工作的主体,随着信息技术的发展,企业的组织形式随之发生改变,这就需要重新界定和拓展会计主体假设的空间界限范围;同样,在网络环境下,尤其是物联网环境下,使得会计核算从原来的事后核算变为实时核算,财务管理由原来的静态管理走向动态管理,这使得传统会计假设中的会计分期假设消除了时间和断点等。

(2) 会计信息化建设参差不齐

从目前的实际情况来看,我国的会计信息化建设在不同行业存在很大的差异,东部发达地区的会计信息化建设水平远远高于西北地区,部分西部地区的会计信息化水平还停留在会计电算化阶段,而我国东部沿海发达地区的会计工作已经建立了会计信息集成系统;工业企业的会计信息化水平远高于政府机关和事业单位,金融业、互联网企业的会计信息化水平高于一般的工商企业。

(3) 会计信息不对称依然存在

计算机技术和互联网技术的发展,在一定程度上实现了会计核算工作的智能化,但在会计信息交易的过程中,供需双方的信息依然是不对称的。供方掌握会计信息的搜集、整理、加工、传输(包括传输的内容、时间和方式)全部过程,在这个过程中,需方无论从会计信息的质量、数量和接收等方面都是被动的,需方只能够看到供方想让他所看到的东西,对于基础性会计信息的真实性无从查起,而在物联网条件下,企业的信息是动态的、可追踪的,这为会计信息的对称提供了可能,虚假交易在一定程度上得到避免。

(4) "信息孤岛"现象严重

在传统的会计工作中,"信息孤岛"是企业面临的现实问题,"信息孤岛"现象的存在一定程度上造成了企业管理效率的低下,阻碍了高效的企业管理水平实现。在当前的企业会计工作中,企业普遍将计算机技术和互联网技术应用于企业的会计核算中,实现了一定程度的会计信息化,能较好地将信息资源应用于企业的会计工作当中。从当前的会计信息化存在的问题来看,目前的会计信息系统在一定程度上解决了会计核算的问题,但对于其他业务信息以及与各业务系统信息交互的重要性认识不足,当前的信息资源存在着标准不统一、不准确和不规范等一系列问题。我们知道,信息资源是企业财务管理过程中形成的各种数据及其相互关系,信息资源的充分利用,决定了企业会计信息化水平的高低,信息资源存在的问题导致"信息孤岛"问题的存在。物联网技术的发展,将有助于实现信息资源的标准化和规范化,进而消除企业的"信息孤岛"现象,实现多种数据的融合,提高企业的会计信息化水平。

2. 会计信息化存在问题的原因

（1）思想认识上的原因

①对会计信息系统研发认识上存在误区

我们知道，会计信息化的实质是计算机技术与会计工作的有机结合，实现这一结合的途径是会计信息系统的研发与设计，在当前的会计信息系统研发上主要存在以下几个方面认识上的误区：一是对会计信息系统的定位不准，忽视企业管理现状，加之贪大求全，使得所研发的信息系统投入高、效率低，造成企业资源的浪费和对会计信息系统建设积极性的丧失；二是在会计信息系统的研发中，缺乏系统分析和深入的调查研究，急于上马，导致研发出的会计信息系统同企业的实际需求相脱离，难以达到预期效果；三是在会计信息系统建立之后的应用和推广过程中，缺乏配套的制度建设和相应的保障措施，这使得所研发的会计信息系统难以发挥真正的作用，难以实现最初的目的。

②对会计信息化理论研究重视程度不够

会计信息化的发展过程是传统会计的理念不断突破，新的会计理论和方法不断确立的过程。从目前的会计信息化发展现状来看，我们的会计信息化建设经历了两次历史性的飞跃，会计信息系统建设取得了长足的进步，企业会计信息系统被应用于企业的会计工作当中，企业会计服务于企业的管理，为企业的决策服务。从会计信息化理论建设的现状来看，我国的会计理论建设明显滞后于会计信息系统的建设，从短期来看，这种滞后性对我国会计信息化建设的影响是渐进的，而从长期来看，这种滞后阻碍了我国会计信息化建设的历史进程。造成这种滞后性的根本原因在于我们的会计信息化建设急功近利，对会计信息化理论的研究缺乏足够的重视，理论建设经费欠缺、理论研究积极性低。

（2）缺乏复合型会计信息化人才

在以计算机技术和互联网技术为代表的信息技术时代，会计信息化的应用与实践，最终要通过企业的会计人员来完成，会计人员专业素养的高低，直接决定了会计信息化程度在企业应用的深度与广度。信息技术时代的会计人员，同传统的会计人员相比，除了要掌握专业的会计知识外，计算机技术知识、互联网知识和会计信息系统的研发知识都是会计人员必须掌握的。目前，在会计信息化中，企业的会计从业人员的综合素质偏低，突出表现在对企业的会计信息系统软件缺乏全面的认识与理解，对财务软件的应用与技巧掌握不够熟练，对财务软件在使用过程中出现的故障不能及时排除，直接影响着整个软件系统的正常运行和企业会计工作的开展。

（3）会计财务软件缺乏通用性和标准性

财务软件是基于计算机技术，为满足用户需求而研发的一种软件产品。在目前所研发的财务软件中,缺乏通用性和标准性是最突出的问题,这在一定程度上阻碍了会计财务软件的规模化应用与推广,也使得财务软件公司的大规模财务软件研发难以实现,同时,由于缺乏通用性和标准性,使得企业的会计信息难以被不同的信息需求者所使用,信息的共享性差,难以发挥信息的应有价值。

3. 面临的挑战

物联网正在快速地发展,虽然已经得到了初步的应用,但大规模的使用和普及还有待时日,物联网在自身发展过程中,面临着诸多的挑战。

(1) 缺乏统一的标准

如同互联网的建立与使用一样,TCP/IP 协议、路由器协议等的制定是互联网发展史上的历史性事件,那么在物联网的发展过程中,要实现万物的互联,统一的技术标准是物联网建设的第一道门槛,没有统一的标准,物联网的发展便是空谈。因此,在物联网的发展过程中,形成统一的标准和管理机制是当务之急,需要世界各国的共同努力和推动。

(2) 过高的使用成本

在当前的条件下,物联网发展还处在起步阶段,这一阶段的主要特征是物联网相关设备的成本高,物联网技术的应用范围小,普及率低。这些特征又反过来制约着互联网技术的普及与应用,成本高,就难以实现大规模的应用,而没有大规模的应用,规模化的生产就难以实现,成本高的问题就更难以解决。突破成本的壁垒成为物联网技术普及与大规模应用的前提,也成为实现物联网产业化的首要问题,所以在当前成本尚未降至能普及的前提下,物联网的发展必将受到限制。

(3) 产业链条远未形成

我们知道,物联网技术包括传感器技术、网络和通信技术、RFD 技术和信息处理技术等一系列技术,物联网的整个产业链涵盖芯片商、传感设备商、系统解决方案厂商和移动运营商等上下游厂商。目前,在物联网的产业链中,上下游厂商各自为政,而物联网的产业化需要上下游厂商的通力协作。对我们而言,实现物联网的产业化,形成完整的产业链条,还有很多工作要做。在体制方面,要通过制度建设加强广电、电信、交通等行业主管部门的合作,共同推动信息化、智能化交通系统的建立;在网络基础设施方面,需要加快电信网、广电网、互联网的三网融合进程;在利益分配上,需要兼顾产业链上各方的利益。这些问题的解决需要时间,可见,物联网的普及仍是一个相当长的过程。

(4) 盈利模式尚不清晰

物联网技术的体系结构可以分为感知层、网络层和应用层 3 个层次,针对每一个层次,在市场上都存在着相应的开发商,每个开发商都有多种选择去开拓相应的市场,选择相应的盈利模式。从计算机技术的发展到互联网技术的普及，我们可以清晰地看到，对于任何一次信息产业革命而言，其发展的成熟普及必然伴随着一种成熟商业盈利模式的出现。从目前物联网发展的现状来看，物联网发展依然处在初级阶段，尚未产生一种成熟的商业盈利模式，这也在一定程度上阻碍了物联网技术的普及与规模化应用。从目前物联网发展的利润来源看，其利润点主要集中于与物联网相关的电子元器件领域，如射频识别装置和感应器等，而在数据传输网络以及物联网技术最下游的物流及相应行业的利润增长模式相对模糊，要形成成熟的商业盈利模式还需要很长的时间。

4. 物联网技术推动会计信息化

物联网技术的诞生，成为信息产业发展史上的第三次革命浪潮，它的诞生实现了网络的真实性，它通过 RFD 技术，借助于无线通信网络，将"虚拟的互联网"和"现实世界的万物"连接在了一起，这种现实与虚拟的结合，给传统的互联网发展注入了活力，对社会的生产方式和生活方式注入了动力，对企业的生产经营模式的变更和组织管理方式的变革产生推力，对借助于信息技术发展的会计信息化产生了深远而深刻的影响。

（1）解决了数据源问题

我们以原材料为例，物联网技术的应用，对原材料从采购、入库、领用、在制品、产成品入库直到最终销售等一系列环节，产生了深远的影响，嵌有芯片的原材料通过 RFD 技术，与数据仓库进行实时的"交流"，数据及时更新，实时导入数据仓库。

（2）真实反映企业经营状况

在物联网技术条件下，可以实现对企业产供销环节、实物资产和产品生产等有效监控，这将有效规范企业的业务，减少甚至杜绝业务混乱现象，企业的会计信息资料真实可靠，企业的会计处理过程标准规范，企业的经营情况与企业的会计信息相互印证，信息失真得到有效防范。

（3）促进企业内部控制

在物联网技术下，在企业的决策、执行、管理和监督全过程中，可以运用 RFD 技术实现全程贯穿，覆盖企业的所有业务和事项，实现企业内部控制的全面性。通过会计信息系统的建立，促进内部控制流程与企业信息系统的有机结合，减少或消除人为因素的操纵，实现对业务和事项的自动控制。

（三）物联网下会计信息化建设

1. 建设前提

会计信息化建设的两次飞跃，与计算机技术的大规模应用和互联网技术的成熟与普及密不可分。没有计算机与互联网发展的普及，会计工作的信息化只能是纸上谈兵。物联网下的会计信息化建设，同样离不开物联网技术的发展。目前，我国物联网发展还存在着商业模式不成熟、体系不完善、物联网的应用开发只依靠运营商和物联网企业、技术标准的不统一和相关政策及法规不完善等诸多问题，这些都制约了物联网产业的发展与普及，物联网的大规模应用与普及是物联网下的会计信息化建设的前提。

2. 理论支撑

任何学科的发展，都需要理论支撑作为先导，计算机理论的发展和会计信息化理论的研究，推动了会计信息化工作的发展。物联网下的会计信息化建设，同样需要会计信息化理论的指引，物联网技术的发展，对传统的会计理论提出了挑战，对基本会计理论建设提出了新的要求。

从会计主体的界定来看，随着信息技术的发展，会计主体也变得模糊，这为会计主体如何界定提出了新的要求；会计信息传递的及时性及其动态性，对会计的分期也出现了新的要求。从会计要素的确认、计量和记录来看，随着经济的发展和社会的进步，同固定资产相比，无形资产在企业中的比重越来越大，无形资产在企业的生产经营中也愈加重要，会计确认标准的扩展就显得尤为迫切；传统会计理论中每一项经济业务的确认和记录，通常以权责发生制为前提，以历史成本为基础，对会计信息进行价值化核算，物联网技术带来的信息传播的及时性以及会计信息的时效性，使得公允价值计量在会计计量中的应用变得简便易行。

3. 建设目标

学者们普遍认为，会计信息化的实质是会计工作与信息技术的有机融合，这种融合不仅仅在于将计算机技术和互联网技术等引入会计学科，实现与传统会计工作的融合，从而为信息技术在企业会计业务核算和财务处理等方面带来便捷，会计信息化还包括会计基本理论的信息化、会计实务的信息化和会计管理的信息化等诸多内容。

关于会计信息化建设的目标，研究的角度不同，得出的目标也不同。我国会计信息化的目标是力争通过5~10年的努力，建立健全会计信息化法规体系和会计信息化标准体系，包括可扩展商业报告语言分类标准，实现企业会计信息化与经营管理信息化二者的有机融合。

显然，上述这一目标是从会计信息化体系建设方面而言的，侧重于宏观方面。我们认为，会计信息化是为会计工作服务的，会计信息化的目标同会计工作的职能密切相关。

（1）会计核算智能化

在会计核算过程中，涵盖了会计信息的获取、确认、计量、记录和披露等一系列内容，在传统的会计工作中，从一项经济业务的发生到记账凭证的编制，进而到登记账簿，直至最后会计报告的编制等工作，这一系列工作都是由具体的会计人员来完成的，这一过程通常耗时耗力，而且结果的准确性与会计人员自身的职业素养存在一定的关系。在物联网技术下，借助于RFD技术，整个会计核算过程都是通过数据处理中心自动完成的，减少了人工的参与，降低了会计核算工作人为因素的影响，增强了会计核算的准确性和客观性。

①信息获取智能化

可靠性和真实性是会计信息质量的基本要求，确保企业会计信息的正确真实无误是企业会计工作的基本要求，物联网技术的应用，从信息源上保证了会计信息的质量。我们以物联网技术在企业产品和设备上的应用为例，通过在企业的产品、设备等资产中嵌入RFD电子标签，以及其他的感应设备，可以实现对产品和设备的自动识别，收集企业资产从采购、生产、物流和交易等一系列环节中的信息，在这一过程中，没有人工的参与，均是由会计信息系统自动生成与处理，从而实现了会计信息获取智能化。

②信息处理智能化

在物联网环境中，在没有人工参与的条件下，企业会计信息系统将自动获取的信息实时导入数据库，并及时对获取的信息进行确认和处理，数据的处理过程都是实时完成的，整个过程与数据的更新同步进行，整个信息处理流程智能化。

③会计报告智能化

在传统的财务报告文本形式中，存在着标准不统一、内容冗繁和效率低下等一系列弊端，物联网技术标准体系的建设，可以实现财务报告的跨语言、跨平台、低成本和高效率，将有助于提高会计信息的相关性、趋同性、准确性和共享程度，财务报告实现智能化，能够为决策者提供更加及时、准确和完整的会计信息。

（2）会计监督智能化

①实现"三流合一"

在物联网技术下，企业能够通过企业会计信息化系统及时掌握资产的属性、位置及状态，能够对业务和事项进行自动控制，做到企业的物流、资金流和信息流"三流合一"。通过对企业的物流、资金流和信息流信息的分析，可以快速、准确地判断企业经营状况，找出经营管理的薄弱环节，从而采取有效措施予以改进，促进企业的健康发展。

②增强内外部协同

物联网技术的发展，使得打破部门、区域及行业之间的障碍成为可能，各种会计信息资源的有效整合成为现实。在物联网技术下，对企业内部而言，企业内部管理系统与财务会计信息系统二者的融合成为必然，通过二者的融合，有助于管理者通过远程管理和在线协助等技术，突破地域和时间的限制，对企业的交易业务进行实时的操作和监控，实现办公自动化，降低经营成本，提高企业管理效率。从企业外部来看，通过物联网技术，企业可以保持同供应商、客户甚至是竞争对手的数据链接，实时掌握相关会计信息，提高风险管理水平。

4. 建设途径

会计信息化是以强大的电算化为技术支撑的，所以说，信息化发展到何种阶段，很大程度上取决于现有电算化技术如何创新。而电算化技术创新的关键在于会计信息化软件。软件是电子计算机的灵魂，软件设计的优劣直接关系到会计信息系统建立的目的能否实现。可见，会计信息化的推动，建立相应的会计信息化软件系统是关键，我们不难看出，会计信息化的发展每一次都是会计工作与信息技术的一次深度融合的过程，都是会计工作向智能化的一次前进。物联网条件下的会计信息化建设，需要会计信息化理论作为先导，关键是物联网技术与会计实务工作的有机融合，核心是建立"物物互联"的会计信息化系统。在企业会计信息系统的重新架构中，物联网技术将有助于企业实现实时管理模式、多维核算体系、现实场景和信息利用与决策的会计信息系统。第一，动态化控制，在物联网环境下，"万物的互联"成为现实，企业的所有原料和设备，包括每一个元件，都是一个实时化动态化系统，其瞬时变化都能够被记录。在动态化的企业会计信息系统中，从企业的管理者角度出发，可以随时随地根据需要进行实时管理和控制，随时跟踪物品的位置，随时管理原材料的投入，随时核算工程的费用，从而实现对企业会计要素的动态化控制。第二，多维度核算，在物联网技术下，建立满足企业需要的多维度核算体系成为企业的共同选择。在多维度核算体系的建立中，对企业而言，所依据的是一个反映原始状态的数据，为了多维核算体系建立的需要，就需要根据不同的核算要求，对原始数据进行不同角度的分类、汇总与分析。通常，这种分类、汇总和分析，是同企业的某种管理需要相联系的。例如，基于上市公司外部报表需要，我们需要按照新会计准则提供报表，根据内部管理需要，应该按照内部管理体系提供报表等。

参考文献

[1] 韩吉茂，王琦，渠万焱. 现代财务分析与会计信息化研究 [M]. 长春：吉林人民出版社，2019.

[2] 何克理. 会计信息化 [M]. 上海：上海财经大学出版社，2019.

[3] 吴朋涛，王子烨，王周. 会计教育与财务管理 [M]. 长春：吉林人民出版社，2019.

[4] 朱竞. 会计信息化环境下的企业财务管理转型与对策 [M]. 北京：经济日报出版社，2019.

[5] 叶霞，张冬梅. 财务信息处理与分析 [M]. 北京：航空工业出版社，2019.02.

[6] 韦绪任，冯香，申仁柏. 财务会计与实务 [M]. 北京：北京理工大学出版社，2019.

[7] 黄辉，尹建平，顾飞. 现代财务与会计探索（第五辑）[M]. 成都：西南交通大学出版社，2019.

[8] 刘勤. 管理会计信息化发展的理论与实务 [M]. 上海：立信会计出版社，2019.

[9] 刘春姣. 互联网时代的企业财务会计实践发展研究 [M]. 成都：电子科技大学出版社，2019.

[10] 丁皓庆，冀玉玲，安存红. 现代信息技术与会计教学研究 [M]. 北京：经济日报出版社，2019.

[11] 王海燕，王亚楠. 会计信息化教学研究 [M]. 长春：吉林大学出版社，2020.

[12] 罗伟峰. 高级财务会计教学案例 [M]. 广州：华南理工大学出版社，2020.

[13] 张明明. 中国特色管理会计在浙江的创新与实践 [M]. 沈阳：东北财经大学出版社，2020.

[14] 段春明，柳延峥. 财务与会计制度设计理论与实务 [M]. 沈阳：东北财经大学出版社，2020.

[15] 王盛. 财务管理信息化研究 [M]. 长春：吉林大学出版社，2020.

[16] 郭艳蕊，李果. 现代财务会计与企业管理 [M]. 天津：天津科学技术出版社，2020.

[17] 路秦. 云会计信息系统面向财务业务一体化 [M]. 上海：上海交通大学出版社，2020.

[18] 张书玲，肖顺松，冯燕梁. 现代财务管理与审计［M］. 天津：天津科学技术出版社，2020.

[19] 刘靳. 财务报表分析从入门到精通［M］. 天津：天津科学技术出版社，2020.

[20] 黄浩岚，历丽. 会计信息化——用友 U8 业财一体化应用［M］. 南京：南京大学出版社，2020.

[21] 何永江. 财务报表分析［M］. 天津：南开大学出版社，2021.

[22] 宁进伟，王新玲，钟伟. 新编会计信息化应用实训（畅捷通 T3 版）［M］. 南京：南京大学出版社，2021.

[23] 张震. 智能管理会计从 Excel 到 Power BI 的业务与财务分析［M］. 北京：电子工业出版社，2021.

[24] 汪刚. 财务大数据分析与可视化基于 Power BI 案例应用［M］. 北京：人民邮电出版社，2021.

[25] 朱学义，朱林，黄燕. 财务管理学［M］. 北京：北京理工大学出版社有限责任公司，2021.

[26] 曲柏龙，王晓莺，冯云香. 信息化时代财务工作现状与发展［M］. 长春：吉林人民出版社，2021.

[27] 郭昌荣. 财务会计及其创新研究基于管理视角［M］. 北京：中国商业出版社，2021.

[28] 傅素青，伍绍平. 财务管理实验基于金蝶 EAS［M］. 上海：立信会计出版社，2021.

[29] 李桂荣. 中级财务会计［M］. 5 版. 北京：北京对外经济贸易大学出版社有限责任公司，2021.

[30] 包燕萍，刘贤洲，程石. 财务会计与报告［M］. 成都：西南财经大学出版社，2021.